《青少年国防体育冰雪项目训练教程》
编写人员

名誉主编：吴　齐

主　　编：沈　崙

主　　审：顾德库

副 主 编：马喜强　牛晓暹　肖艳秋

编　　者：（按姓氏拼音排序）

陈　岩　陈曦伟　董　诗　胡东旭　姜艳春

康健鑫　李铁男　罗跃滨　孟　丽　孙立民

滕兆勇　王　威　王彦伟　王长龙　张才成

Training
Course
for Youth Defense Sports Ice and Snow Program

青少年国防体育冰雪项目训练教程

沈 崙◎主编

人民出版社

目　录

序

欣闻青少年国防体育基础训练系列教材（冰雪项目）正式出版。对此，我表示热烈的祝贺！

习近平总书记指出，"少年强则中国强，体育强则中国强"。近年来，中国青少年国防体育发展联盟认真贯彻落实习近平总书记重要指示，在全国范围内推广安全、健康、规范、专业的青少年国防体育活动，培养有灵魂、有本事、有血性、有品德的新一代青少年，做了大量工作，取得了令人瞩目的成绩。

青少年国防体育基础训练系列教材（冰雪项目）是在黑龙江省军区、黑龙江省体育局的大力支持下，由联盟黑龙江省工作部组织冰雪运动专家、国防教育专家共同编写，对国防体育冰雪运动科学化、规范化开展具有重要作用。

为积极响应习近平总书记发出的"带动三亿人参与冰雪运动"号召，黑龙江省作为我国冰雪体育开展最普及的省份，结合大冰雪、大森林、大界江等地缘优势，以"弘扬抗联精神，传承红色基因"为主题，努力践行"冰天雪地也是金山银山"的发展理念，在2020年成功举办了全国首届青少年国防体育冰雪（山地户外）大赛，用"国防体育＋冰雪山地户外"的方式，将青少年国防体育教育与冰雪运动项目融合创新发展，有力地推动了青少年国防体育教育在全国开展。

中华代有英雄出，自古英雄出少年。希望青少年国防体育基础训练系列教材的出版，能够促进在青少年中大力普及国防体育教育，培养青少年爱国主义和集体主义精神，加强青少年国防意识和身体素质，使青少年真正成为爱军报国的一代、奋进自强的一代、勇于担当的一代。

袁伟民

国家体育总局原局长

中国青少年国防体育发展联盟名誉主席

2023 年 4 月

绪　论

一、青少年国防体育冰雪项目发展概述

国防体育冰雪运动是中国北方边陲具有广泛群众基础的国防教育项目，在黑龙江省发展较快，近年来曾多次举办国防体育竞赛活动，深受全国广大青少年喜爱，形成了以国防教育为主体，体育、教育为两翼前行的发展模式，得到中国青少年国防体育发展联盟高度认可。

2020年12月，黑龙江省海林市举办了第一届全国青少年国防体育冰雪（山地户外）大赛，大赛在国家体育总局、黑龙江省政府、黑龙江省军区、中国青少年国防体育发展联盟、黑龙江省体育局、黑龙江省教育厅、海林市人民政府支持下，取得圆满成功。大赛根据中国北方民族冰雪特色文化衍生，经过认真调研、研讨、筹备、规划，设置了冰雪勇士丛林野战、冰雪勇士冬季两项、冰雪勇士排雷、冰雪勇士雪仗四个比赛项目。为丰富青少年国防体育冰雪运动内容，实现新的突破，在军味、兵味、战味、趣味上有所加强，设立了青少年国防体育冰雪抢滩登陆、青少年国防体育冰雪军事五项两个竞赛项目，使青少年国防体育冰雪运动内容扩展到六个项目。为使参赛者能够更好地掌握比赛技能，在赛前对参赛者进行技能培训。并且根据参赛人员组成不同分为男子组、女子组、男女混合组；根据项目构成分为个人项目和集体项目；按照年龄划分为少年组、青年组，共吸引了来自全国各省市共130支代表队参赛。比赛的成功举办彰显了"国防＋体育＋科技"的独特魅力，促进体育、国防、科技、冰雪有机融合，实现"国防＋体育＋科技"叠加

效应，提高青少年国防意识，增强青少年体魄。

随着人们对"国防＋体育＋教育"有更深刻的认识，形成了体育促国防、国防带体育、教育融国防的教育、体育、国防联动发展趋势。青少年国防冰雪体育教育需要根据实际情况开展，既具有国防教育内涵又体现地域特色。我国东北地区冬季寒冷，在进行国防体育教育的同时要考虑到体育教育中的气候因素，因此在国防体育教育中结合北方冰雪气候特点，进行有特色的国防冰雪体育教育，是发展国防体育教育的重要内容。

《教程》是在充分了解我国青少年国防冰雪体育竞赛实际训练情况前提下完成的，结合青少年国防冰雪体育发展趋势，根据我国青少年国防冰雪体育运动水平，参考青少年运动训练理念与方法，完善青少年国防体育冰雪竞赛项目和竞赛规则，为青少年参与竞赛指明训练方向，提出竞赛项目具体内容、指标及评价标准，实现训练目标精准化、训练任务系统化、训练方法科学化、评价体系规范化，全面构建我国青少年国防冰雪体育竞赛训练体系。

《教程》吸收青少年国防体育发展现有成果，系统整合青少年训练知识体系，力争做到理论与实践相结合，为青少年从事国防体育冰雪项目训练提供足够丰富的理论和实践指导。《教程》从青少年国防体育冰雪项目介绍、运动场地器材要求、技术和战术训练、竞赛规则以及裁判评判标准进行全面概括性的阐述，为青少年国防体育冰雪项目训练起到实际指导作用。

二、青少年国防体育冰雪项目训练体系

（一）青少年国防体育冰雪项目训练体系的特点

青少年国防体育冰雪项目兼具了国防军事体育、冰雪运动的特点，同时还结合青少年的生理、心理发育特点，是集趣味性、观赏性、健身性、娱乐性、协作性、技术性和竞技性为一体的冬季体育项目，具有很高的健身价值与观赏价值。根据青少年国防体育冰雪勇士赛的特征与发展趋势、青少年训练的总体目标与指导思想、运动员的培养规律、青少年身体发育特点及身体素质发展特点等，分析得出青少年运动员训练的阶段划分原则与训练安排，

包括各年龄段的划分、训练任务、训练内容、训练要求、组织方法、训练手段、训练负荷安排、评价内容、评价要求、评价标准等，为青少年运动员的培养过程提供系统性指导。

（二）青少年国防体育冰雪项目训练体系的构建要素

1. 青少年国防体育冰雪项目训练体系思维理念

着力培养有灵魂、有技能、有血性、有品德新一代青少年，以国防体育结合冰雪运动项目方式将青少年国防体育教育与冰雪运动项目有机融合创新发展作为总目标和出发点，通过国防体育与冰雪运动相结合方式实现对青少年国防体育思维理念的培养。

2. 青少年国防体育冰雪项目训练内容构建

训练内容是一切训练活动的核心要素。中国青少年国防体育冰雪项目始终坚持国防体育与冰雪运动有机结合，围绕青少年生理发育和心理特征，选择设立符合青少年身心发展的国防体育训练课程。在促进青少年身心发展的同时，课程设立要突出趣味性、团队性、竞技性。基地建设本着自然、节约、实效工作模式，在强化军味、兵味、战味上合理布局，以习近平总书记"三亿人上冰雪"指示精神为引领，用"国防＋体育＋冰雪＋科技"的理念打造中国青少年国防体育冰雪运动项目，暨青少年国防体育冰雪丛林野战、青少年国防体育冰雪冬季两项、青少年国防体育冰雪排雷、青少年国防体育冰雪雪仗、青少年国防体育冰雪抢滩登陆、青少年国防体育冰雪军事五项。为体现国防军事体育特点，引入射击、排雷等军事项目，结合我国北方地区雪仗、冰壶、冰橇、冰龙舟等冬季冰雪运动项目，利用大森林、大冰雪、大湿地、大湖泊、大界江自然风貌，打造中国青少年国防冰雪体育。

3. 青少年国防体育冰雪项目创新训练方法

青少年国防体育冰雪项目训练是比较宽泛的运动体系，可分为体能训练、技能训练、战术训练、心理训练四大部分。

（1）体能训练。要注重选择适合各年龄敏感期的身体素质训练，注重发展青少年的灵敏素质、柔韧素质、速度素质，适当发展力量素质和耐力素质训练。通过创新引入相关项目训练方法，采用以兴趣为导向的体能训练方法体系融入训练。

（2）技能训练。包括射击、投弹等军事技能训练，以及冰壶投壶技术、高山滑雪回转滑行技术、越野滑雪滑行技术、冰上龙舟撑钎技术等内容。训练中要创新训练方法，注重掌握基本姿态和基础技术的准确性，通过重复训练法来巩固相关基础内容，在掌握运动项目基本技术后进行实战模拟训练，实现技战术能力的提高。

（3）战术训练。在青少年国防体育冰雪丛林野战、青少年国防体育冰雪排雷、青少年国防体育冰雪雪仗三个项目中占据重要地位，在实战模拟训练中要在充分掌握国防体育冰雪项目竞赛规则基础上进行专项技战术课程训练，充分运用反复演练技战术的训练方法，实现技战术有机融合用于实战，演练时要根据对手技战术水平制定具有针对性歼敌方案，以己之长克敌之短，获取胜利。

（4）心理训练。该科目是青少年国防体育冰雪项目中极为重要的训练科目。在训练科目设计时要结合青少年国防体育冰雪项目特点，从实战出发规划心理训练课程。心理训练目的是让参训运动员以实战为标准从战前心理准备到战时心理状态有质的转变，最终形成战斗力。因此，青少年运动员在训练中要根据对象情况实时调整参训运动员的心理状态，通过军事训练、实战演练、军事竞赛等增强运动员心理稳定性，提高参训运动员的心理素质。

4. 国防体育冰雪项目训练条件保障

（1）军事项目训练条件保障。通过训练单位采购或租赁相关军事器材，也可采取同相关军事训练机构合作等方式，促进军事训练器材得以保障。

（2）冰雪运动项目训练条件保障。利用地缘冰雪优势开展青少年国防体育冰雪项目训练，有些地区虽然开展了青少年国防军事体育冰雪项目训练，但不具备条件，对这些不具备条件的地区可进行异地训练，如异地训练仍有困难不能进行，可以采取替代方案进行训练，如通过陆地冰壶进行冰壶训练，通过越野轮滑进行越野滑雪训练，通过下坡轮滑进行模拟高山滑雪训练等方式，在最大限度上模拟专项训练。

三、青少年国防体育冰雪项目训练依据

（一）青少年生长发育特点

1.骨骼的特点

青少年时期，骨骼正处于生长发育阶段，软骨成分较多，水分和有机质多，无机质少。骨组织中有机物与无机物之比为5：5，而成人为3：7，所以，其骨骼弹性大而硬度小，不易完全骨折，但硬度低，坚固性差，易弯曲变形。骨的成分随着年龄的增长逐渐发生变化，无机盐增多，坚固性增强，韧性减小。

在生长过程中，骺软骨迅速地生长使骨伸长，并逐渐完全骨化。四肢骨男子在17—18岁、女子在16—17岁完成骨化，脊柱的椎体一般要到20—22岁，髋骨一般要到19岁后完成骨化。在骨骼完全骨化前，该部位承受任何过大负荷都会影响骨骼的正常生长。

女子骨骼重量较男子轻10%，抗弯能力较差，韧性大；脊柱的椎间软骨较厚，韧性和弹性又较好，所以女子的柔韧性比男子强；女子的脊椎骨相对较男子长，形成了女子上身长、下身短的特点。青春期后女子基本体型为肩宽、骨盆宽，切底大，重心低，稳定性好。

2.关节的特点

青少年在关节结构上与成人基本相同，但关节面软骨较厚，关节囊较薄，关节内外的韧带较薄而松弛，关节周围的肌肉较细长，所以其伸展性与活动范围都大于成人，关节的灵活性与柔韧性都易发展，但牢固性较差，在外力的作用下较易脱位。

3.肌肉的特点

青少年肌肉中含水量较多，蛋白质、脂肪以及无机盐类较少，肌肉细嫩。与成人相比，收缩能力较弱，耐力差，易疲劳，但恢复较成人快。

青少年身体各部分肌肉发育不均衡，躯干肌先于四肢肌，屈肌先于伸肌，上肢肌先于下肢肌，大块肌肉先于小块肌肉的发育。而肌体相对力量的增长要比绝对力量增长早。肌力的逐年增长也是不均匀的，在生长加速期，

肌肉为适应骨骼的快速生长向纵向发展较快，但仍然落后于骨骼的增长，其肌力和耐力均较差。生长加速期后，由于骨骼的生长受到抑制，肌肉横向发展较快，肌纤维明显增粗，肌力显著增加。女孩在 15—17 岁、男孩在 18—19 岁肌力增长最为明显。

女子与男子相比较，12—14 岁以后，无论是单个肌群的力量，还是主要肌群总的肌肉力量，平均低于男子。女子总肌肉力量约为男子的 2/3，但不同肌群的力量有很大的区别。与男子相比较，女子的上肢、上肢带和躯干肌相对较弱，这些肌群最大随意力量约为男子肌群的 40%—70%，而下半身的肌肉，包括下肢肌，女子仅比男子小 8%。

4. 血液循环特点

青少年的血量占体重的百分比略高于成年人。正常成年人的血量约占体重的 7%—8%。青少年在进行运动训练期间应多补充蛋白质、糖类和富含铁质的食物。以避免发生运动性贫血。女子的红细胞数量和血红蛋白含量均较同年龄的男子低。

心脏是完成生长发育较晚的器官之一，7—11 岁时心脏的发育比幼儿期缓慢。但相对值（按心脏重量、容积与体重的比值）都大于成年人。心脏的重量也随着年龄的增长而逐年增长，在青春期，心脏发育加快，重量为出生时的 12—14 倍，体积增加 66%，随着年龄增长，心脏收缩力提高，心跳频率逐渐减少。到青春期时心脏的重量以达成年人水平。心脏容积的增长也有类似的规律。

儿童时期，交感神经调节占优势，心肌发育不完善，心肌纤维较细，收缩力量弱，每搏输出量较少，运动时主要依靠增加收缩的次数来增加血流量。再加上中枢神经系统的兴奋性较高，植物性神经对心脏的神经调节机能还不稳定，种种因素都使儿童的心跳频率较快，心脏比较容易疲劳。青少年血管发育尚好，血管壁弹性好，血管口径相对较成年人大，外周阻力较小，所以儿童、青少年的收缩压相对较低，而舒张压并不明显偏低，心脏的血管网丰富，每分、每搏输出量按千克计算比成年人多，所以心脏的疲劳消除也较快。运动时心率虽增加明显，但血压的变化并不明显。随着年龄增长，运动时心率的增加逐渐减少，而血压的变化渐趋明显。16 岁以后运动时心率和血压的变化逐渐接近成年人。

女子的心脏重量与容积平均都比男子小。心血管系统调节机能也比同龄男子差，同样，女子对运动的心血管反应、心率的增加比男子明显。

5. **呼吸系统特点**

呼吸系统的发育同样落后于身高、体重。青少年呼吸器官的发育尚不完善。鼻腔、喉、气管和支气管较窄，黏膜柔软，黏膜的纤毛运动能力差。肺容量小，肺内弹力组织发育差，肺泡数量少而且弱，扩张能力较小，加之呼吸道狭窄，呼气时阻力较大。青少年的呼吸肌力量较弱，呼吸较浅，肺活量小。所以，为保证机体所需要的氧气，他们的呼吸频率比成年人快，呼吸系统也容易疲劳，青少年的最大吸氧量虽低于成年人，但按每千克体重计算的最大氧吸收却不低。随着年龄增长，肺活量加大，呼吸频率逐渐减小。

青少年的肺通气机能的潜力小，主要表现在肺活量较小，男孩、女孩分别在 10—11 岁和 13—14 岁时，摄氧量明显增长。16—17 岁时摄氧量的增长又渐趋缓慢。青少年最大摄氧量与承受氧债的能力都较低，不宜进行长时间的剧烈运动。

女子胸廓、肩带肌肉较弱，胸围、呼吸差和肺活量均小于男子，因而女子的呼吸频率较男子快。运动时女子的有氧能力和无氧能力都较男子差，承受氧债的能力也不如男子。

6. **神经系统特点**

神经系统是发育最早最快的器官，在人体的各组织系统中，神经系统是最早发育完善的系统，出生后 3—4 年是神经系统生长最快的时期。脑重是随着年龄的增长而增长的，7—8 岁时神经细胞分化已基本完成，大脑额叶迅速生长，使儿童动作的精确性和协调性得到发展。以后神经细胞突起的分支越来越多，联络纤维大大增加，形成许多的神经通路，脑的功能不断完善趋于复杂化。随着神经系统结构的发育，机能也逐渐完善起来，并表现出不同发育阶段各有其机能上的特点。7 岁时运动分析器皮质区的容量为成人的80%，皮质下的容量为 95%。因此，与此紧密相关的器官（视、听、前庭、本体等分析器）和能力（协调、灵敏、反应、节奏、平衡等）都在儿童、少年时期得到充分发展。

儿童、少年的神经系统活动过程不稳定性，兴奋过程占优势，兴奋和抑制过程在皮质容易扩散。因此儿童、少年活泼好动，注意力不易集中，做动作时不协调、不准确，易出现多余动作，建立条件反射快，消退快，重新恢复也快。年龄越小，皮质抑制过程越弱，而且不完善，分化能力也就差。8岁以前精确分化能力差，错误动作多。8岁以后皮质细胞分化能力与成人无大区别。13—14岁时皮质抑制调节机制达到一定强度，分析综合能力明显提高，能较快地建立各种条件反射，但由于分化能力尚不完善，又受到小肌肉群发育较晚的影响，所以掌握复杂精细的动作困难。14—16岁时，反应潜伏期缩短，分化能力提高，女孩的分化抑制发展较早，能够掌握复杂的高难度动作。儿童的第二信号系统发育不完善，第一信号系统的活动占优势，直观形象思维能力相对较强，善于模仿，而抽象思维能力相对较差，对示范等直观形象教学容易接受。9—16岁时第二信号系统机能进一步发展，联想、推理的思维活动逐渐提高。16—18岁时第二信号系统机能已发展到相当的水平，两个信号系统的相互关系已相当完善。

7. 内分泌系统特点

内分泌系统对青少年的生长发育有重要作用。其中，脑垂体、肾上腺、甲状腺、胸腺和性腺的发育特别重要。脑垂体出生时已发育很好，4岁前和青春期生长最迅速，机能也更活跃。脑垂体分泌的生长激素是促进生长的重要激素。肾上腺皮质所分泌的雄激素与性发育有关。甲状腺在出生时已形成，14—15岁甲状腺发育最快，机能也达高峰，它对骨骼的生长发育、骨化过程、牙齿生长、面部外形及身体比例等方面都能产生广泛的影响。

（二）青少年运动心理特点

青少年时期对外界事物的认识主要是感性认识，即通过人的感觉器官，如眼、耳、本体感觉来进行感知的。因此他们的思维过程主要是形象思维、善于模仿。所以，直观的、形象的东西容易引起他们的注意。

青少年的注意力大多为不随意注意（不一定有预定目的，不需要意志努力的注意）。与此同时，随意注意开始发展，但是不能坚持，注意带有情绪的色彩，且不易集中。

青少年情绪易波动，还不会像成年人那样控制自己的感情，他们的喜、怒、哀、乐都会从面部表情上表现出来，并直接影响训练。

青少年往往好胜心强，并有一定的自尊心，但独立性、主动性、坚持性较差，缺乏自制力，往往依靠外界影响来坚持完成一些工作。对他们要以正面教育为主，并不断提出要求。11 岁、12 岁到 14 岁、15 岁这一年龄阶段，是个体心理发展的很重要的转变期。这个时期的主要特点是半幼稚和半成熟、较旺盛的精力和较低的能力水平、独立性和依赖性、自觉性和冲动性等各种矛盾相互交错产生。这些内部矛盾解决得如何，直接关系到他们的心理发展的方向和水平。因此，应当了解心理发展特点，针对他们的心理特点采取合理的教育措施，使他们顺利地度过这一转变期，健康地成长起来。

青少年正处于长身体阶段，各组织器官都处于发育过程。随着年龄的增长，发育逐步完善，机能逐步提高。但不同年龄阶段又有其特点，在青少年的训练中必须考虑这些特点。

（三）青少年身体素质发展规律与特点

身体素质是机体各器官和系统机能的综合表现。在教学与训练中，应根据青少年身体素质发展的特点，采取科学的训练方法，有利于青少年的生长发育，促进身体素质的发展和运动技术水平的提高。

1. 青少年身体素质发展的基本规律

（1）身体素质的自然增长

青少年各项素质随年龄而增长的现象称为身体素质的自然增长。在青春发育期（男 15 岁、女 12 岁左右）身体素质自然增长的速度快且幅度大，在性成熟结束时，身体素质增长的速度开始减慢。在不同年龄阶段，各项身体素质的增长速度不同，即使在同一年龄阶段，不同身体素质的发展变化也不一样。男女顺序一样，但女生逐年递增的速度较小，存在明显的差异。

（2）身体素质发展的阶段性

各种身体素质的自然增长包括增长阶段和稳定阶段。增长阶段是身体素质随年龄增长递增的年龄阶段，其中，包括快速增长阶段和缓慢增长阶段，稳定阶段是身体素质增长的速度明显减慢或停滞、甚至有所下降的年龄阶段。身体素质由增长阶段过渡到稳定阶段的顺序是，速度素质最先，耐力素质次之，力量素质最迟。

（3）各项身体素质发展的敏感期

在不同的年龄阶段，各项素质增长的速度不同，把身体素质增长速度快的年龄阶段叫作增长敏感期。以年增长率的均值加一个标准差作为确定敏感期范围的标准。年增长率等于或大于标准值的年龄阶段为敏感期，小于标准值的为非敏感期。各项身体素质的发展都有敏感期，在身体素质发展的敏感期进行科学的训练，可以促进青少年身体素质的快速发展。

2.青少年主要身体素质发展特点

（1）绝对力量的发展特点

7—9岁为力量发展的第一个阶段。男孩在7岁后，女孩在10岁后，随着整个身体的生长和各器官、系统机能的发展，肌肉长度开始改变，绝对力量有所提高。绝对力量的自然发展可分为四个阶段：第一阶段，10—13岁，力量增长的速度很快，特别是屈肌的力量，绝对力量可提高46%；第二阶段，13—15岁，力量增长的速度明显下降，绝对力量只增加8%；第三阶段，15—16岁，绝对力量增长14%；第四阶段，16—21岁绝对力量增长很慢，只增长6%，接近最大力量。男孩在10岁以前与女孩差异不大，增长速度也较慢，从11岁起男孩与女孩出现差异，增长速度也开始加快。11—13岁力量增长最快，18—25岁力量增长缓慢，到25岁左右达到最大力量。

（2）相对力量的发展特点

对男孩、女孩来说，相对力量发展都较平缓，虽然绝对力量快速增长，但相对力量增长的速率并不大，甚至在个别年龄阶段，例如从 12—14 岁，每年只增长 2%—3%。形成这种现象的原因有两个：一是体重增长较快；二是在身高增长的最快时期肌肉横断面增长缓慢。要增加相对力量可进行全面训练，通过改变肌肉重量与体重的比例，改善相对负荷与肌肉力量的相互关系，不使肌肉出现过度肥大，从而提高相对力量。

（3）速度力量的发展特点

男孩、女孩在 7—13 岁速度力量增长都很快，13 岁以后，男女之间的差别越来越大，男孩的增长速度大于女孩，到 16—17 岁时增长速度下降，在儿童时期，速度力量的发展与最大力量的发展相比，速度力量发展要快些。所以，在儿童时期发展速度力量可以收到更好的效果。

（4）力量耐力的发展特点

7—17 岁，男孩力量耐力的发展是直线上升的。女孩在 15 岁前是持续上升的，15 岁后则开始停滞，甚至是下降。

（5）反应速度的发展特点

6—12 岁反应速度大幅度提高，在 12 岁时反应速度达到第一次高峰点，在性发育阶段，反应速度稍减慢，到 20 岁左右出现第二次高峰。

（6）耐力素质的发展特点

男孩 10 岁时，耐力素质出现首次大幅度提高；13 岁时，再次出现较大幅度的提高；15 岁时，男孩已进入性成熟期，此时耐力增长明显减慢；16 岁时，耐力有最本质的提高。女孩 9 岁时，耐力素质出现首次大幅度的提高，12 岁时，耐力指标再次提高；14 岁后，即进入性成熟期，耐力水平逐年降低；15—16 岁，耐力水平下降最大，16 岁后下降速度减慢。

（7）协调能力的发展特点

6—9 岁是发展一般协调能力的最有利时期，9—14 岁是发展专门协调能力的最有利时期。随着发育的成熟，从 11—12 岁起开始素质训练，力量、速度、耐力则可以较快地发展。协调能力的自然发展在 13—14 岁（个别人到 15 岁）达到高峰。协调能力在学习技术动作的过程中可从灵活性、空间定位能力和节奏感等方面表现出来。

四、青少年国防体育冰雪项目训练分类及比赛项目

中国青少年国防体育冰雪运动项目是由我国北方民族冰雪运动与国防、科技相结合而形成的一种国防体育训练方法，在冰雪与国防实践融合中依据内容与方法的不同可分为体能训练、技术训练、战术训练、心理训练。

青少年国防体育冰雪运动的开展经过专家组调研、分析、论证，根据我国北方地区冰雪运动发展状况，针对我国"体育＋国防＋冰雪＋科技"的工作理念，共设立六个国防体育竞赛项目，即青少年国防体育冰雪丛林野战、青少年国防体育冰雪冬季两项、青少年国防体育冰雪排雷、青少年国防体育冰雪雪仗、青少年国防体育冰雪抢滩登陆、青少年国防体育冰雪军事五项。

第 一 章

青少年国防体育冰雪项目人文精神培养

第一节　青少年国防体育冰雪项目运动精神

中国青少年国防体育是以国防军事运动项目为特点的一项运动。国防体育冰雪运动项目在我国民族冰雪体育运动开展的基础上与国防体育有机融合，多年来，形成了以地缘冰雪运动为基础，以国防教育为先导，以国防体育竞赛为引领的中国青少年国防体育冰雪运动项目。国防体育冰雪运动项目的开展深受我国东北、华北、西北等省份广大群众和冰雪爱好者的青睐。近年来，在中国青少年国防体育发展联盟及各省体育工作部的大力支持下，项目的发展已成规模，在发展和培训过程中围绕着军味、兵味、战味的特点突出军事化管理稳步前行，是集技术性、趣味性、协作性、观赏性、健身性、娱乐性、竞技性为一体的冬季国防体育运动项目，具有较深的国防教育意义及健身、观赏价值。训练和比赛中运动员要抵御严寒、团结协作，合理运用技术，根据赛场的实际情况制定技战术目标，实现战术突破。项目开展将有利于培养青少年克服困难、吃苦耐劳、不畏艰险、团结奋进、勇于拼搏的国防体育精神。

第二节　青少年国防体育冰雪项目运动精神
与青少年运动员的关系

一、青少年国防体育冰雪项目运动精神对于青少年运动员行为素质的要求

青少年运动员对于国防体育冰雪项目运动精神的认识还处于模糊阶段，理解不深刻，不能真正用运动精神来要求自身，这就要求教练员对青少年运动员的运动精神进行培养。使青少年运动员能够自觉按照国防体育冰雪项目运动精神严格约束自己在运动中的行为。

二、青少年国防体育冰雪项目运动精神促进青少年运动员行为素质的提高

青少年国防体育冰雪项目运动精神内涵是无私奉献、艰苦奋斗、不畏艰险、勇于拼搏。竞赛与训练中对体育道德风范有极高的要求，运动员要自觉遵守比赛规则，同时，团结合作、吃苦耐劳，良好的比赛氛围能提高运动员的综合素质，培养有灵魂、有本事、有血性、有品德的新一代国防体育人才。

第三节　青少年国防体育冰雪项目
运动精神的培养途径

一、青少年国防体育冰雪项目运动员团队凝聚力的培养

青少年国防体育冰雪项目是一项团队与个人协同配合的运动项目，竞赛

中队员共同努力方可取得胜利，因此培养团队凝聚力、团队意识至关重要。团队凝聚力的培养主要有以下几方面。

一是要让运动员明确自身对团队所承担的责任，让他们参与决策，融入到团队中，激发运动员的热情。

二是熟悉掌握每名运动员基本情况，合理划分团队，根据个人特点安排训练与生活，使运动员在训练和生活中和谐相处，形成良好的团队氛围。

三是让运动员明确团队目标和个人目标之间的关系，以团队和自身为出发点，明确各自位置，从实战出发更好地发挥自身优势，扬长避短，创造优异成绩。

四是利用团队游戏方法和沙龙类座谈交流形式，进行有效沟通，建立互信，用良好的信任关系来提高团队凝聚力。

五是在完成比赛后及时进行交流，总结经验，深入谋划，取长补短，相互鼓励，增强凝聚力的培养。

六是在生活训练中，营造集体主义、互帮互助的良好氛围，让运动员在训练比赛中树立团队意识，增进凝聚力，以此来践行国防冰雪体育精神。

二、青少年运动员理论素养、文明行为及勇士精神培养

(一) 青少年运动员理论素养培养

青少年理论素养的培养是关系中国青少年国防体育教育全面发展的关键，是增进青少年对国防精神、体育精神认识的基础。培养青少年运动员理论素养，首先要对青少年进行国防体育冰雪项目理论知识的讲解，学习中要注重方式方法。要用大众化、青少年易于理解接受的语言进行讲解，要图文并茂更具直观感。在感性认识的基础上升华到理性认识，组织青少年国防体育运动员观看国防教育和国防体育运动竞赛发展的影像资料，从视觉上感悟国防体育的深刻内涵，引导他们对国防体育冰雪项目的理解和掌握，促进青少年运动员自觉践行国防精神、体育精神。

（二）青少年运动员文明行为培养

青少年国防体育运动员文明行为的培养是体现国防精神、体育精神的重要部分。国防体育训练培养中对青少年运动员开展文明行为的规范教育，注重四个坚持：坚持循序渐进、坚持实践导行、坚持自我教育、坚持开放教育。

国防体育的训练对象是青少年，是在一定社会环境和关系中不断发展变化的人群。国防体育教官在训练中要充分了解不同时期年龄段青少年运动员生理和心理特点，根据青少年发展期各阶段变化状态表现有针对性地进行国防体育训练。在发展进程中了解运动员、热爱运动员、相信运动员，把他们视为平等的伙伴、朋友，尊重他们的个性。青少年国防体育训练任务制定任何一项训练方案和政策，都要切身考虑运动员实际情况，从他们的角度出发，一切为了运动员，服务于运动员，让运动员信任国防体育教官，感受国防体育教官的关爱。榜样会引领青少年运动员前行，国防体育教官在训练中应起到榜样示范作用，利用青少年运动员模仿性强的特性，使青少年运动员对国防体育训练行为可见、可学、可仿、可行。一方面，国防体育教官要加强自律，以身作则，率先垂范，给青少年运动员树立榜样。另一方面，通过培训选拔优秀青少年运动员作为小教官来协助国防教官，用示范作用感染每一名青少年运动员，对青少年运动员的国防体育行为习惯产生潜移默化的影响。

（三）青少年运动员勇士精神培养

国防观念是青少年国防体育冰雪运动的支柱，体育精神是青少年国防体育冰雪运动的灵魂。青少年国防体育冰雪运动倡导艰苦奋斗、奋勇拼搏、强调团队合作的训练理念。在训练和比赛过程中所形成的尊重队友、尊重对手、勇于献身、顾全大局、奋勇拼搏的精神即国防冰雪体育的"勇士精神"。"勇士精神"将会启迪和影响国防冰雪体育青少年运动员的世界观、价值观、人生观，培养有灵魂、有本事、有品德、有血性的新一代青少年。中国是礼仪之邦，高尚、无私、谦虚、谨慎、诚信、和谐、友善是中华民族应有的社会理念。这种社会理念与青少年国防体育冰雪运动倡导的公平、公正、公开、礼仪、和谐、诚信等国防体育运动精神相通，千百年来中华民族形成的独特民族文化社会理念将是培养青少年运动员国防体育运动精神坚实的基础。

勇士精神的形成与发展，青少年运动员勇士风度的培养需有特定条件。首先，要构建和谐自然运动环境，促进人与环境和谐发展，作为勇士精神的外显形态，我们应该以和谐果敢为原则，从审美角度加以创造性的设计，特别是运动环境、赛场等布置要讲究和谐统一，营造有军味、兵味、战味的氛围，通过活动充分宣扬展示青少年国防体育冰雪运动项目的精神内涵。其次，国防体育教官应率先垂范，为人师表，主动践行勇士风格，严格用勇士精神要求自身，用榜样的力量激励青少年运动员，使他们真正能够感受到勇士风格的魅力，从而感染青少年运动员主动学习自觉训练，模仿国防体育教官的行为，养成果敢坚强的勇士风格。

第四节　影响青少年国防体育冰雪项目人才成长的因素

青少年国防冰雪体育项目发展是全民国防教育的重要组成部分，国防冰雪体育项目的广泛开展是增强全民国防素质和培养青少年国防体育人才的有力保障。如何做好青少年国防体育人才培养工作是摆在新形势下全民国防教育改革的核心。因此，我们在做好青少年国防体育工作中应当找准影响青少年国防体育人才培养的关键因素。

一、政策因素

政策的制定是关系到客观事物发展的关键。青少年国防体育发展要以政策为先导，引领全国各级教育系统广大青少年投身于国防教育中，形成政府重国防、教育系国防、大众爱国防的崇尚思想，促进青少年国防体育人才的成长。

二、教育因素

国防教育是基于新的国际形势和历史环境而开展的一项利国利民的伟大工程。只有加强全民爱国主义教育，树立国防意识，增强民族自信心，才能实现我国国防教育全民化、思想化、制度化、系统化、执行化，营造氛围，搭建中国青少年国防体育教育培养体系，推动我国青少年国防体育人才的培养。

三、布局因素

合理的工作布局是项目发展的决定性因素。国防体育的项目发展要以政府为主导，抓好全面布局。由中国青少年国防体育发展联盟和全国各省青少年国防体育工作部组织实施，加强青少年国防体育基地建设，层层衔接，协同配合，形成模式，促进发展。

四、思想因素

国防意识的培养是爱国之魂、立国之本。抓好青少年国防体育首先要从小培养，树立强我中华的信念，让爱我中华、强我中华、铸我中华根植于心，增强民族自信心和自豪感，让广大青少年真正从思想上形成强大的国防意识，成为捍卫祖国的钢铁长城。

五、地域因素

地缘优势是国防体育冰雪项目发展的核心。在营造地缘发展的同时还要根据地域特点布局建设中国青少年国防体育冰雪训练基地，打造精品，铸就国防体育冰雪项目摇篮，培养人才，实现突破，引领全国各地的冰雪训练基地的青少年树立珍爱和平、信守诺言、保家卫国、成就梦想的信念。

第 二 章

青少年国防体育冰雪项目运动员
训练阶段划分与训练安排

第一节　青少年国防体育冰雪项目运动员
训练阶段划分

一、各年龄组划分及依据

　　青少年时期发育迅速，但身体形态、生理机能、心理变化等各方面不稳定，正处于不断发育、不断完善、并趋于成熟的过程。身体各器官系统与成人相比有许多不同特点，青少年在成长发育过程中与成年人相比，心脏发育趋于完善，心脏容积和体积比成年人小，心率较快，代谢旺盛，每搏输出量小。在这个时期，身体各个器官系统都迅速生长，骨骼将成熟，肌肉变得结实有力，大脑内部结构也逐渐变得成熟，肺活量、血压、脉搏、体温、血红蛋白、红血球等生理标志性因素都将逐渐成熟，各种体内机能逐步健全和完善，为青春期的生理成熟提供了物质基础。针对青春期生长发育特点，国防体育冰雪运动项目可以通过多年的、系统的、全面的身体训练促进青少年健康发育，提高身体各器官和各系统的功能，使青少年身体、生理、心理、社会适应和道德方面都达到一个良好的状态。因此，按青少年生长发育及心理年龄特征分阶段进行教学与训练。

二、各阶段任务与训练提示

（一）第一阶段：基础训练阶段（8—14岁）

1.任务

（1）根据少年儿童生理特点，了解和掌握少年儿童身体素质基本情况，提高国防意识，确定国防体育冰雪运动项目训练目标。

（2）培养青少年参加国防体育冰雪运动的兴趣。

（3）全面抓好身体素质训练。

（4）进行技术和战术的基础教学。

（5）培养良好的竞赛意识。

（6）让青少年养成吃苦耐劳、勇于奉献、热爱国防的好作风，加强国防教育，注重国防冰雪体育运动精神的培养。

（7）在基础养成训练基础上，加强国防体育专项素质训练。

（8）培养青少年的国防体育理念，树立正确的人生观。

（9）通过参加社会国防体育赛事活动，培养青少年独立完成竞赛任务的能力。

2.训练课程实施注意事项

（1）全面发展各种身体素质，这不仅是训练的需要，也是促进人体正常发育的需要。可采用各种国防体育活动性游戏，也可以适当结合国防体育专项训练进行，例如：通过原地跳、原地蹲起、蛙跳、跳绳、溜冰等练习发展下肢力量；通过支撑练习、投掷练习等练习发展上肢力量；利用各种被动、主动的柔韧性练习发展肩、腰、髋的柔韧性；利用越野跑、山地追逐游戏、健身操，以小强度、低负荷、多组数、多次数练习发展一般力量耐力素质。

（2）重视国防体育精神及青少年国防体育运动项目基本技术训练。树立运动员正确国防体育观，弘扬以遵守规则、尊重裁判、奋勇拼搏为宗旨的国防体育精神。以此来推广青少年国防体育运动。

（3）在教学训练方法上，注重直观教学、示范教学、趣味教学，讲示并举，生动再现国防体育历史传承，要以表扬、教育为主，缺点指出为辅，训练中多采用游戏和比赛方法进行，根据青少年生理、心理特点训练时间不宜过长，可采用少学时、多课次的生动教学法，激发青少年参与国防的热情。

（4）注重培养良好的训练作风。一是青少年国防体育训练课程计划的安排要遵循规范化、系统化、科学化的原则；二是以科学训练为基础，尊师重教；三是树立良好的队风，互尊互敬，团结协作，勇于拼搏；四是增强爱国情怀，磨练意志，培养有灵魂、有本事、有血性、有品德的新一代青少年。

（5）训练课要遵循循序渐进的原则。一是技术训练由浅入深，由易到难，逐步提高；二是专项身体素质训练应在一般身体素质训练的基础上进行；三是专项练习要根据运动员特点，因人而异制订训练计划；四是国防体育训练从基础到实战，突出军味、兵味、战味。

（6）熟练掌握实战练习的方法。一是训练课程目的明确，军姿到位；二是系统掌握青少年国防体育课程训练内容；三是加强青少年国防体育基础养成训练；四是全面掌握国防体育实战训练和竞赛基本规则；五是在基础养成训练基础上熟练掌握战术训练和国防体育竞赛的基本术语。

（7）合理安排国防体育竞赛。一是针对7—12岁的娃娃学兵，在注重基础养成训练的基础上，加强国防意识的培养，用趣味国防体育竞赛引领娃娃学兵掌握国防体育知识；二是加强青少年国防体育运动员基本技能练习，以实战促成长；三是加强青少年国防体育冰雪丛林野战、青少年国防体育冰雪冬季两项、青少年国防体育冰雪排雷、青少年国防体育冰雪雪仗、青少年国防体育冰雪抢滩登陆、青少年国防体育冰雪军事五项六大项目竞赛内容的训练与培训；四是根据青少年特点实施小周期、多循环的训练与竞赛理念；五是通过实战与竞赛培养青少年国防体育运动员的实战能力。

（8）训练中加强运动员个性化培养。一是国防体育教官要在训练中充分了解运动员，善于发现个性特点，因人施教；二是训练中要有意识地引导和激发青少年运动员献身国防的热情；三是培养青少年国防体育运动员善于思考、独立作战、勇敢顽强、奋勇拼搏的意志品质。

（9）在训练中要抓改革、促创新，用科学的教学理念进行训练，提高国防体育运动员的训练战术意识和逻辑思维分析能力，真正使运动员在训练中达到知其然而知其所以然。

（10）多采用竞赛的方法提高运动员竞争意识，调动运动员积极性。

（二）第二阶段：专项技能快速增长阶段（15—18岁）

1.任务

（1）重点提高专项素质能力。

（2）提高动作技术准确性和稳定性。

（3）强化战术训练。一是任务设定和计划安排要精准对标；二是熟练运用战术语言及手势完成各项训练和比赛任务；三是在实战和竞赛方面高标准严要求，加强作风建设，提高专项能力。

（4）利用竞赛的方法提高专项能力，以赛代训。

（5）强化国防体育运动素质。

（6）熟练运用各项技战术，结合训练与竞赛实际对战场战术实施进行综合研判，完成突防。

（7）在竞赛活动中要灵活运用战术把控赛场主动，对敌方实施打击，获取胜利。

（8）通过竞赛选拔参加全国青少年国防体育赛事运动员。

2.训练课程实施注意事项

（1）根据个人特点及技战术掌握情况，选择重点项目，发展专项素质。

（2）技术训练的重点在于精准，巩固基本技术是提高国防体育运动员专项技术掌控能力的关键。

（3）以赛代训是提高专项能力的重要手段。在竞赛训练周期中，运动员将根据训练计划和竞赛任务安排有的放矢地选择赛事，从小型赛事逐步过渡到参加正规比赛，促使机体形成起赛状态，圆满完成比赛。

（4）训练加强个性化管理。在训练负荷的确定和训练计划的安排上必须考虑运动员个性化特点，因人而异，切忌千篇一律。教官应充分了解每一名运动员的生理特点，制订出具有针对性的训练计划。

（5）加强教育与管理。一是在运动队的管理上要突出思想教育，树立正确的人生观，胜不骄败不馁；二是要强化运动队的日常管理，因为细节决定胜负。

（6）根据运动员特点及技术发展趋势，发展专项素质，提高战术素养。

（7）技术训练方面重点强调基本技术运用的专项化、标准化、自动化。

（8）要培养运动员适应比赛的综合能力。一是强化心理训练，调节训练节奏；二是加强赛场突发情况的演练，提高运动员应急反应能力；三是在训练中营造竞赛氛围，让运动员适应竞赛环境，用高质量、高密度、大强度的训练提高专项运动能力。

第二节　青少年国防体育冰雪项目运动员训练安排

一、体能身体素质需求

运动员技术全面是实现战术的有效保证，同时也是优秀运动员必须熟练掌握的基本技能。专项体能是运动员技战术的基础，是促进运动员技战术水平发挥的关键。提高运动员专项体能必须要掌握专项体能发展的构成因素。因此，要针对专项体能构成因素制定有效的训练方法，提高运动员专项体能和技战术水平，实现运动成绩突破。

（一）运动员专项体能构成因素

身体素质是指在中枢神经系统支配下，人体运动中表现出来的速度素质、力量素质、耐力素质、灵敏素质、柔韧素质、智能素质、心理素质等方面机能能力。身体素质是体能的外在表现，训练课中提高运动员各项身体素质方法是训练计划安排的主要内容。合理的计划安排能有效提高运动成绩，也能节省训练时间。因此，研究提高运动员成绩所需专项体能素质的结构特征尤为重要。实践证明，速度、力量、耐力、柔韧等素质水平与专项能力提高有关，训练中要侧重安排各项身体素质训练比例，突出重点，形成机制，有效发展。

1.力量素质

力量素质是指人体肌肉系统工作时克服和对抗内外阻力的能力。力量是人体运动的基本素质，是获取专项运动技能的基础，同时也是综合素质发展的重要因素。力量素质可分为一般力量、专项力量、速度力量、力量耐力、相对力量、最大力量。优秀运动员专项体能素质由腰腹肌力量素质、上肢肌群力量素质，下肢肌群力量素质构成。训练中力量素质在各个项目的表现有所不同，素质较高的运动员能有效地完成训练和竞赛任务，而竞赛对运动员力量素质要求更高，良好的力量素质更容易获得优异的运动成绩，因此，高水平运动员的运动技术离不开力量素质。

2.耐力素质

运动员的专项体能应包含耐力素质。耐力素质是指人体肌肉在一定时间内保持特定负荷强度持续运动及对抗疲劳的能力。运动员在竞赛和训练过程中要保持特定运动强度高质量完成任务，必须具备良好的耐力素质。有氧耐力和无氧耐力构成了运动员的耐力素质。有氧耐力是指人体以有氧的方式进行长时间运动的能力；无氧耐力是指人体在运动中以无氧代谢的方式进行长时间运动的能力。耐力素质是耐力运动项目提高成绩的关键。因此，运动员必须进行有效定量负荷强度的长时间持续运动才能提高耐力素质，保证运动质量。

3.速度素质

速度素质是人体在运动中快速完成动作的能力。同时也是人体在神经系统支配下以高能物质为主要能源代谢系统进行快速运动的能力。速度素质是构成运动员专项体能身体素质的重要因素。速度素质可分为反应速度、动作速度、移动速度。反应速度是指人对各种外源刺激信号的快速应激反应。动作速度是指人体进行快速运动完成动作的能力。移动速度是指人体在周期性运动中，沿特定方向身体位移的速度。反应速度、动作速度、移动速度在运动训练实践引入中是不可替代的重要环节，是构成速度素质训练方法的三要素，三者在运动中的表现能力将对运动员专项素质提高起到决定性作用。因此，速度素质的提高直接关系运动员运动成绩的发挥。

4.柔韧素质

柔韧素质是指人体在运动时身体各关节活动幅度及软组织伸展的能力。柔韧素质也是构成运动员专项体能的主要因素，对运动员技术表现有着重要影响。柔韧素质可分为一般柔韧素质和专项柔韧素质。一般柔韧素质是指运动训练中为适应一般性运动技能发展所需的柔韧素质。专项柔韧素质是指运动训练中为适应专项运动训练所需的特殊柔韧素质。一般柔韧素质是柔韧训练的基础，专项柔韧素质是在一般柔韧素质基础上的提高。虽然训练中一般柔韧素质和专项柔韧素质目的不同、性质不同、强度不同，但是它们相互关联、相互促进、协同发展。因此，柔韧素质规范化、专业化、系统化训练，将促进运动员关节灵活性、肌肉弹性、肌肉灵敏性及肌肉拉伸幅度、肌肉快速运动能力的提升和发展，使运动员赛场技术表现扎实有效。

（二）运动员专项体能身体素质

运动员专项体能身体素质由速度素质、耐力素质、力量素质、柔韧素质、平衡能力构成。青少年在从事国防冰雪体育的训练中，要加强基础养成训练，提高综合素质。速度素质项目具体训练项目设置方面有男子100米跑、女子60米跑；耐力素质项目有男子1500米跑、女子800米跑；灵敏素质项目有男子20米折返跑、女子15米折返跑。力量素质项目有男子持20千克杠铃快速上挺练习、女子手持3千克哑铃快速上挺练习、等动练习。国防体育运动员在进行专项练习时要根据国防军事训练特点有针对性地进行速度、耐力力量、灵敏、协调等方面的综合训练，以促进国防体育专项运动能力有效发展。

二、运动员专项体能训练方法

竞技项目运动员需具备较全面的身体素质。优秀运动员应当具有棋类项目运动员的智慧、射击项目运动员的沉稳、武术项目运动员的灵敏、长跑项目运动员的耐力、举重项目运动员的爆发力、体操项目运动员的柔韧。因此，竞技项目运动员训练中不能忽视专项身体素质练习，应全面加强专项身体素质的训练。

（一）速度素质与训练方法

速度素质是人体在运动中快速完成动作的能力。在比赛过程中，运动员应对指令迅速做出反应，并根据需要以最快速度、最有效的方式进行比赛。因此，运动员应重点发展反应速度和动作速度。

1. 练习强度与间歇时间

发展速度素质，可采用极限负荷强度进行练习。间歇时间的长短由每组练习时间而定。一般为 30 秒—3 分钟。如果用心率控制间歇时间，通常当心率恢复到 110—120 次 / 分钟时，便可进行下一组练习。

2. 重复次数与组数

每组练习时间为 2—8 秒，重复组数根据训练水平和每组练习时间而定，一般重复 4—8 组。

3. 练习方法与要求

可通过各种发展反应速度的游戏进行练习，如听信号迅速做出正确的动作，或听到不同的指令做出不同的动作反应。

（二）有氧耐力素质与训练方法

1. 提高运动员有氧耐力水平促进成绩的提高

有氧耐力是指人体以有氧的方式进行长时间运动的能力。在提高运动员有氧耐力训练中，运动员要以长时间有氧代谢（糖和脂肪等有氧氧化）为主的供能方式进行训练来提高人体有氧耐力水平。

由于青少年国防体育冰雪运动项目专项特点，运动员必须在冰雪环境中完成训练任务。运动员要提高有氧耐力，具体而言：一是要保证大脑供氧量充足。人脑重量虽仅占体重的 2%，但大约耗用休息时全身耗氧总量的 20%。用放射性惰性气体示踪测量估计，人体在清醒时经脑的血流量为 0.52±0.12ml/g 组织/分，再根据经脑的动脉与静脉血流间的氧差，推算出脑的耗氧量为 1.47±0.18 μmol/g 组织/分，明显高于其他组织。在青少年国防体育冰雪竞赛活动中，两队之间攻防转换快，选手需要不断思考技战术等相关问题，大脑的用氧量显著增加，因此，维持大脑处于良好机能状态完成比赛是获取胜利的一个主要方面，而保证大脑有充足供氧又是维持机体优良状态的重要因素。二是在低强度有氧训练中，运动供能方式以有氧代谢为主，训练中运动员为了维持长时间低强度运动状态持续运动，对有氧耐力水平要求较高。三是由于国防体育冰雪训练中的温度较低，运动员需消耗大量能量来维持和保证身体良好的运动状态。因此，提高有氧耐力能够充分保障大脑供氧，促进技战术能力合理运用，从而提高运动成绩。

2. 有氧耐力训练方法

耐力是指在一定时间内保持特定负荷强度持续运动及对抗疲劳的能力，包括有氧耐力和无氧耐力。而有氧耐力是指人体以有氧的方式进行长时间运动的能力。为更有效地提高有氧耐力水平，在国防体育冰雪运动项目训练中可采用以下训练方法。

（1）持续训练法

持续训练法是以长时间的训练来达到训练目的。为完成训练任务，达到预期目的，一是采取持续 1 小时越野跑训练方法，心率控制在 120—130 次/分；二是采用长距离、低强度间歇越野有氧跑（训练时可走跑交替），心率控制在 120—130 次/分；三是可以根据青少年特点训练，以足球或篮球等场地项目进行长时间、低强度训练或运动游戏，心率控制在 120—130 次/分，来提高国防体育冰雪运动员的有氧耐力水平。

（2）间歇训练法

间歇训练法是指运动员在训练中以规定负荷强度、段落、间歇时间，在机体处于没有完全恢复状态下，进行下一组重复练习的方法。间歇训练法主要特点是利用规定间歇时间使运动员身体机能得到快速恢复（心率120—130次/分），促进心脏功能有氧代谢能力的改善。一是以长距离规定段落和强度、中短距离低强度间歇慢跑进行恢复，例如800米有氧跑（心率120—130次/分）+300米恢复性慢跑，重复5组；二是以规定距离有氧跑、以同等间歇距离进行恢复性慢跑，重复多组数完成有氧耐力训练，例如400米有氧跑（心率120—130次/分）+400米恢复性慢跑。

（3）不等距离间歇训练法

不等距离间歇训练法是指运动员在训练中以特定训练距离进行不等段落距离有氧跑和不等段落间歇性有氧慢跑，提高运动员心脏功能及有氧耐力水平的训练方法。例如，在5千米越野跑距离内自由进行400米有氧跑（心率120—130次/分）+150米恢复性有氧慢跑+300米有氧跑（心率120—130次/分）+200米恢复性有氧慢跑+500米有氧跑（心率120—130次/分）+300米恢复性有氧慢跑等重复进行5千米，训练中运动员根据身体机能恢复情况自如掌握间歇训练段落和距离。

（三）力量素质与训练方法

力量素质是指人体肌肉系统工作时克服和对抗内外阻力的能力。力量素质的训练方法根据项目要求，运动员应发展上肢力量、下肢力量、腰腹肌力量、颈肩部力量、腕部关节力量、手指关节力量。

1. 练习强度与间歇时间

运动员训练中采用中等负荷强度、低负荷强度进行力量练习。间歇时间以每组练习的时间、次数而定（2—4分钟），也可根据运动员心率恢复情况（110—120次/分），决定下一组练习时间。

2. 重复次数与组数

力量练习训练中的重复次数取决于强度的大小，大强度力量练习次数可选2—3次，中等强度力量练习可选3—6次，低强度力量练习可选5—10次；训练组数可根据年龄大小和强度大小决定。例如，大强度力量练习课应放在身体状态超量恢复期进行，力量练习的强度轨迹应为倒金字塔形，运动次数轨迹呈金字塔形。

3. 练习方法与要求

（1）器械练习。一是利用轻重量的杠铃、哑铃、壶铃和组合器械等进行多次数、多组数的力量练习，提高运动员一般力量耐力；二是利用大重量的杠铃、壶铃、哑铃和组合器械进行大强度力量练习，提高力量素质；三是利用背靠滑板做蹲起练习，训练中利用背靠滑板单腿蹲起和屈体站立外展跨步结合的练习（见图 2-1）。

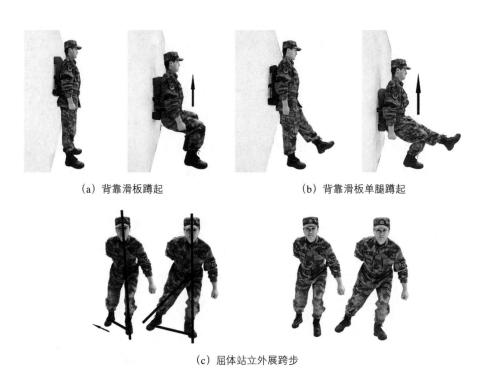

（a）背靠滑板蹲起　　　　　　　　（b）背靠滑板单腿蹲起

（c）屈体站立外展跨步

图 2-1　器械练习中的背靠滑板蹲起训练和屈体站立外展跨步练习

（2）投掷练习。一是利用铅球、小重量壶铃进行投掷或后抛练习，提高力量素质；二是利用实心球和垒球进行投掷练习，发展速度力量。

（3）徒手练习。训练中徒手进行上肢和下肢的力量练习，如俯卧撑、单腿快速蹲起、双腿蹲起、静蹲练习。

（4）等动力量练习。（a）运动员训练中需持3—5厘米宽（少儿组为2厘米宽）3米长的橡胶带进行各种等动力量练习，训练时将橡胶带取中系在固定装置上，距地面1—1.25米处，胶带两头设有牵拉手柄，运动员面对固定装置，两手正握胶带手柄放松置于体侧，测试预备动作，两臂持胶带前平举与肩同宽置于体前，左脚或右脚向后撤一步形成弓箭步牵拉预备状态，训练时听到教练员发出开始口令，运动员两臂快速在体前沿身体两侧向后下方做快速等动牵拉练习，反弹后再次牵拉，以此来完成等动牵拉动作（见图2-2）。

图2-2　等动力量练习动作（a）

（b）运动员训练需持3—5厘米宽（少儿组为2厘米宽）2.5米长的橡胶带一条进行等动练习。训练时将橡胶带一侧系在距地面1.2—1.5米的固定装置上，另一侧胶带头设有牵拉手柄。运动员背侧对向固定装置，两脚前后开立，距固定装置点2.5米处，手持橡胶带手柄，侧对投掷方向，左腿伸直，右腿屈膝，重心落在左腿上，右手臂持橡胶带向后引肩，肘关节伸直，手持手柄置于身体侧后方略高于肩的位置。动作开始时右腿沿投掷运动方向快速做蹬送转髋动作，以胸带肩带上臂的动作顺序依次发力，上体迅速前移，快速向投掷方向的前上方（35度角左右）做鞭打式等动牵拉练习，反弹后再次牵拉，以此来完成等动牵拉动作（见图2-3）。

图 2-3　等动力量练习动作（b）

（四）柔韧素质与训练方法

柔韧素质是指人体在运动时身体各关节活动幅度及软组织伸展的能力。柔韧素质也是构成运动员专项体能的主要因素，对运动员技术表现有着重要影响。在发展柔韧素质过程中运动员要重点提高肩、髋、踝关节的活动幅度，防止训练过程中发生运动损伤，只有将柔韧性练习贯穿整个训练过程，才能保证各项目运动训练基本技术的完成。

1.练习强度与间歇时间

柔韧素质训练强度反映在动作频率、力量大小、负重三个方面，通常以主动和被动用力大小为强度标准。柔韧素质训练本着循序渐进的原则进行，练习强度逐渐加大，应以运动员自我感受为标准，勿操之过急，造成损伤。训练采用中等或小负荷强度进行练习，间歇的时间确定可根据运动员主观感觉和身体机能恢复为准。每组柔韧性练习后可进行适度放松按摩，让肌组织充分放松，为下一组大幅度柔韧性练习做准备。

2.重复次数与时间

柔韧素质训练中不同关节及关节活动范围在发展柔韧性阶段和保持柔韧性阶段运动量不同。训练课程安排应根据运动员不同年龄和训练年限关节的柔韧性水平来确定发展柔韧、保持柔韧训练重复次数。发展柔韧性阶段，髋关节练习重复次数为 50—60 次、肩关节为 50—60 次、踝关节为 20—25 次。保持柔韧性阶段，练习次数可相应减少 50%。运动训练量取决于运动员年龄和性别，少年运动员一次训练课重复次数比成年运动员少一半以上；女子练习重复次数比成年运动员少 10%—15%。每组练习为 8—16 次，练习时间为 6—12 秒，柔韧练习摆动动作时间略长。在采用静力拉伸练习时，关节伸展到最大限度停留时间控制在 30 秒左右。

3. 练习方法与要求

运动员柔韧素质训练基本方法应以静力性拉伸法为主。正压腿、纵叉、压肩、跪坐及弓箭步压腿，是运动员常用练习手段。练习时采用缓慢运动将肌肉和韧带拉长，当拉长到一定程度时静止 10—20 秒，使肌肉和韧带组织得到持续的拉长和刺激。柔韧性练习时可配合一些被动训练，例如，教练员或运动员给练习者辅助外力，加大肌肉拉伸刺激负荷，提高柔韧性训练效果。由于这种被动练习的强度一般超过主动练习，训练时应多加注意，切忌力量过大、动作过猛，超过练习者极限，造成肌肉组织损伤。

提高柔韧素质练习方法如图 2-4 所示。

（a）弓步上举　　　　　　　　　　（b）弓步前压腿

（c）脚内旋　　　　　　　　　　（d）脚外旋

（e）弓步抱头转体前倾　　　　　　（f）前弓步抱头转体

图 2-4　提高柔韧素质练习方法

（五）平衡能力与训练方法

运动员平衡能力强可提高竞赛稳定性和赛场控制能力。青少年的平衡能力训练虽然不作为独立的一种身体素质训练，但它属于灵敏素质的范畴。灵敏素质是在中枢神经系统的支配下，完成各种动作能力的综合表现，是国防体育冰雪运动项目取得优异成绩的必备条件。青少年神经系统发育较快，在教学与训练中，针对运动员动作的接受能力、反应能力、平衡能力、节奏感等方面要着重进行培养，抓住发展灵敏素质敏感期，突出重点系统训练，改善和提高青少年平衡能力，夯实战术训练基础，确保技术动作顺利完成。

1. 练习强度与时间

平衡能力训练应在运动员机能状态良好的情况下进行。训练过程中运动员机体疲劳会导致各项身体素质下降，平衡能力也是如此，机体疲劳情况下不但练习效果不佳，而且易造成运动创伤，因此，疲劳期不宜进行平衡能力练习。平衡能力训练要在身体状况良好时期进行，训练计划也应安排在训练课前半部分，一般作为准备活动和训练前的过渡性练习，在周期性训练不同时期均可以适当安排，但训练时间和强度不宜过长、过大，以免引起中枢神经系统疲劳。另外，平衡能力练习的发展也有其敏感期（7—13 岁），教官应根据不同年龄段运动员具体情况掌握训练节奏，抓住时机有效发展。

2. 间歇时间

平衡能力训练需控制好间歇时间，以保证机体正常恢复，但训练课中每组的间歇时间不宜过长，间歇时间过长会导致中枢神经系统兴奋性大幅度下降，影响训练效果。训练课中练习时间与间歇时间的比例可控制在 1：2。

3. 练习方法与要求

平衡能力练习可采用体操项目训练方法，如各种平衡练习，也可采用闭目站立，通过变换姿势发展前庭感受器的感受能力，以各种姿势的单足支撑为主，配合以其他练习效果更佳。

（1）垫上屈膝下蹲

动作要领：一是双脚平行站立垫上，收腹提胸，身体正直，两眼目视前方，两臂放松成前平举。二是双腿下蹲屈膝成 90 度，同时呼气，保持平衡持续 5 秒。三是上体保持直立，膝关节慢慢伸展，吸气，恢复预备姿势。

（2）垫上单腿支撑

动作要领：一是双脚平行站立垫上，收腹提胸，身体正直，两眼平视前方，两臂放松置于体侧。二是以左脚支撑为例，动作开始时两臂前平举，左腿屈膝，单脚支撑，右腿提大腿屈膝成 100 度，保持平衡持续 20 秒。三是练习过程中呼吸平稳，自然放松，左右腿交替训练。

（3）垫上单腿平衡支撑

动作要领：一是双脚平行站立垫上，收腹提胸，身体正直，两眼平视前方，两臂放松置于体侧。二是动作开始时以左脚支撑为例，上体直立，双臂侧平举，单脚屈膝置于垫上，同时右腿向后（向前、向侧）伸展，保持平衡持续 20 秒。三是做动作时自然放松，呼吸平稳，左右脚交替练习。

（4）单腿跪撑练习

动作要领：一是起始动作以左腿为例，身体放松成跪姿俯撑姿势于垫上，异侧支撑手臂与地面成 90 度，大腿与地面成 90 度，躯干向前挺直，左手向前水平方向伸直与地面平行，目视前方，保持平衡持续 30 秒。二是练习时要自然放松，呼吸平稳，控制平衡，两腿交替进行训练。

第三节　青少年国防体育冰雪项目
训练原则与负荷安排

训练计划实施要遵循运动训练的基本原则，为使运动员获得最佳的运动状态和运动能力，不同训练周期应采用不同训练负荷安排。本节从基本训练原则、训练计划与组织、训练负荷安排三个方面对国防体育冰雪运动各训练阶段进行论述。

一、基本训练原则

原则是人们说话做事过程遵循的法则和标准，是人们根据客观事物运动内在规律的认知而制定的，科学的原则是人们对大千世界客观规律正确认识的反应。

训练规律是指运动训练系统内部各种构成因素之间与系统外部各相关因素之间在结构与功能本质联系和发展的必然趋势。这些本质联系在运动训练活动中不断重复出现，在一定条件下影响或决定着运动训练的过程。训练规律是不依人们主观意志而转移的客观存在。训练的基本规律就是训练原理。在国防冰雪运动训练中，应深刻认识训练规律的重要性，严格遵循训练规律，根据地域特点和个体差异组织实施训练活动。

国防冰雪体育运动的开展应根据地域冰雪运动发展情况，以"国防＋体育＋科技"的运动模式融入体育运动，形成以政府为引领，以教育、体育为指导，以国防教育为始终的体育运动项目。在训练原则上，依据运动员运动训练活动客观规律确定组织实施运动训练所必须遵循的国防体育训练基本原则。基本原则是国防体育运动训练活动客观规律的反映，对推广国防体育运动训练实践具有普遍的指导意义。

国防体育运动训练的九大原则：竞技需要原则、动机激励原则、有效控制原则、系统训练原则、周期安排原则、适宜负荷原则、区别对待原则、直观教练原则、适时恢复原则。在训练中要根据国防冰雪体育运动特点，从基础养成训练入手，培养运动员团队协作意识，结合九大训练原则，完成国防体育训练任务。

（一）竞技需要原则

竞技需要原则是指根据提高运动员竞技能力及运动成绩需要，从实战出发，科学安排训练阶段划分及训练内容、方法、手段和负荷等因素的训练原则。

在运动训练中要注重专项特点和竞技比赛需要，提高运动训练的针对性、实战性、时效性，争取获得满意的竞技比赛成绩。运动训练最终目标是成功参加比赛，实现预期的比赛结果。因此，训练内容、方法、手段的选择及训练负荷与节奏安排都应该围绕着完成比赛而实施。

随着现代竞赛中的竞争性和对抗性日趋激烈，人们把提高专项比赛能力放在首要位置。儿童及青少年早期的基础训练也应以未来高水平专项竞技需要为导向，将早期基础训练与高水平运动员专项训练有机衔接，为高水平竞技阶段训练和比赛打下良好基础。在制订训练计划时，应对运动员的现实状态做出科学诊断，对运动员训练条件做出全面分析，对运动员发育潜力和训练潜力做出客观评价，从而确定训练目标，同时全面安排好训练过程的训练和比赛工作。正确分析专项竞技能力的结构特点，按照国防冰雪运动的竞技需要确定负荷内容和手段，确定不同负荷比例时，要考虑运动员年龄、水平、运动训练阶段等因素。对于不同运动员，还要根据运动员自身竞技能力特点和对手特点，安排好心理训练内容和手段。

（二）动机激励原则

动机激励原则是指通过多种方法和途径，激发运动员主动从事艰苦训练的动机和行为的训练原则。

成功动机是运动员参加训练的重要原动力，只有激发了强烈的成功动机，才能够吸引千百万有才能的青少年自觉地献身于训练与比赛。竞技训练的长期性和艰苦性要求不断地唤醒运动员参加运动训练的动机，激励运动员在训练中克服各种干扰，走向竞技生涯的顶峰。

遵循这一原则可激发运动员更高的训练积极性和主动性，培养独立思考能力、创造能力和自我调控能力，促使运动员以最大的动力，高质量、高效率完成训练任务。

在训练中加强训练目的性教育和正确的价值观教育，关心运动员生活，满足运动员合理的需要。注意运用符合不同年龄运动员个性心理特征的多种手段，激发运动员兴趣。儿童和青少年初期训练时应多以游戏和玩耍的形式进行全面训练。使运动员了解训练的目的，任务、要求与安排，在一定程度上参与训练计划制订和运动训练的组织。发挥运动员在训练工作中的主体作用。教练员要特别注意自己的言行，发挥自身的榜样作用。正确地认识和处理好个体动力和集体动力的关系，以求获得比较大的集体动力的总和。

（三）有效控制原则

有效控制原则是指对运动训练活动实施有效控制的训练原则。

训练中应该准确把握和控制运动训练活动各个阶段，训练的内容、运动量及实施，并对它们进行及时和必要调节，使运动训练活动能够按照预定计划进行，保证训练目标的落实。

运动训练过程受多方面影响，由多种因素构成，处在不断的变化中。因此，要求对运动训练实施有效的控制。现代控制论是实施有效训练控制的理论基础。完整的训练控制应具备：施控主体（教练员等）和被控对象（运动员等），控制信息（讲解、示范等）和前向信息控制通路，反馈装置、反馈信息（训练效果等）和反馈信息控制通路。训练信息是实施有效训练控制的必备条件。

贯彻有效控制原则时要注意制订科学的训练计划，高度重视训练信息的采集和运用，及时对训练计划进行必要的修正和调整。

（四）系统训练原则

系统训练原则是指持续、循序渐进地组织运动训练过程的训练原则。

运动训练是长期的持续过程，在训练过程中，运动员个体要有对训练长期过程的适应，个体间对运动训练的理解及效果会产生不同，在训练的不同阶段机体有不同的适应状况。因此，在训练中要保持训练的系统性，健全多级训练体制，建立和强化正确的训练动机，科学地制订训练计划，提供有力的保障体系。运动训练的组织实施，要注意其阶段性的特点，有步骤、有秩序地进行。

（五）周期安排原则

周期安排原则是指周期性地组织运动训练过程的训练原则。

依据运动员身体机能的变化规律，竞技状态的形成与发展的周期性规律，以及运动竞赛安排的周期性特点，按一定的形式，循环往复、逐步提高地安排训练内容和负荷强度。

事物的发展都具有周期性，人体的机能变化也具有周期性，比赛的延续也具备周期性。因此，运动训练也必须按照周期性的特点来组织进行。

在周期安排中要掌握各种周期的序列结构，如多年训练周期、年度训练周期、大训练周期、中训练周期、小训练周期及日训练周期等。要考虑选择适宜的周期类型，处理好决定训练周期时间的固定因素与变异因素的关系，注意周期之间的衔接。

（六）适宜负荷原则

适宜负荷原则是指根据运动员的现实可能和人体机能的训练适应规律，以及提高运动员竞技能力的需要，在训练中给予相应量度的负荷，以取得理想训练效果的训练原则。

在训练中承受负荷后会产生训练效应。但不是只要施加了负荷就会产生良好的训练效应。训练负荷的安排对训练效应的好坏有着直接的影响。在训练负荷的施加尺度上有较高的要求。

当负荷在适度范围内，负荷量越大，对机体的刺激越深，所引起的应激也越强烈，人体机能变化就越明显，竞技能力提高就越快。当负荷超过了运动员的最大承受能力时，机体会产生劣变现象。而过度负荷的劣变现象有时表现在生理方面，有时也表现在心理方面，教练员在训练中应该特别加以关注。过度负荷会产生一系列不适症候，如不及时采取措施，会发展成过度疲劳，运动员甚至会因此过早结束运动生命。

在训练过程中，要正确理解负荷构成，建立负荷量和负荷强度的评价指标。随着运动员年龄的增长和竞技能力运动成绩的提高，循序渐进地加大负荷的量度。利用直线式、阶梯式、波浪式和跳跃式这几种基本形式进行负荷量的增加训练。在青少年的训练中，对于初学者利用直线式，结合采用阶梯式和波浪式进行训练，对于具备一定训练水平的运动员采用阶梯式和波浪式相结合的负荷量增加训练。对于优秀运动员，在特殊情况下采用跳跃式训练，使运动员承受负荷的能力产生突破性的提高。在训练过程中要科学地探求负荷量度的临界值，对每一个运动员要进行数据跟踪，避免过度训练。建立科学的诊断系统，正确处理负荷与恢复的关系。

（七）区别对待原则

区别对待原则是指对于不同的运动员在不同的训练状态下采用不同的训练任务及不同的训练条件，应有区别地组织安排各自相应的训练过程，选择相应的训练内容，给予相应的训练负荷的训练原则。

这一训练原则在训练中显得尤为重要，这是由于在训练中，尤其是青少年运动训练中，运动员个人特点的多样性、各项目对技术要求的多变性、战术变化的复杂性、训练特点的多变性所决定的。

在贯彻区别对待原则时，需要考虑多方面的因素，包括项目的特点，每个训练对象的生理学、心理学、社会学及训练学方面的特征。考虑训练所处的时期和阶段的不同特点，提出不同的要求。而场地、气候、队友、环境等也是贯彻区别对待原则所必须考虑到的因素。在训练中教练员要及时准确地掌握运动员的具体情况，正确处理训练中共性与个性的关系。

（八）直观教练原则

直观教练原则是指在运动训练中运用多种直观手段，通过运动员的视觉器官，激发活跃的形象思维，建立正确的动作表象，培养运动员的观察能力和思维能力，提高运动员竞技水平的训练原则。

直观教练原则主要是依据人的认识规律确立的。它是从直观到抽象和感性到理性的过程。在动作技能形成的过程中，特别是在其初期阶段，视觉器官在直观教练过程中所获得的丰富信息会在很大程度上促进动作技能的形成。

直观教练原则对儿童少年运动员的早期训练尤为重要。在贯彻这一原则时，教练员应高度重视运用，为运动员、特别是儿童少年选手做直观的动作示范；注意运用科学技术的新成果，充分利用多媒体手段技术等进行训练。注意直观教练与积极思维的有效结合。

（九）适时恢复原则

适时恢复原则是指及时消除运动员在训练中所产生的疲劳，并通过生物适应过程产生超量恢复，提高机体能力的训练原则。

当运动员疲劳达到一定程度时，应依照训练的统一计划，适时安排必要的恢复性训练，采取有效的恢复措施，使运动员的机体迅速得到充分的恢复和提高。

适时恢复原则是建立在人体机能能力和能量储备的超量恢复机制上的，在训练中恢复调整时机的把握对训练效果会产生重要影响。

在贯彻适时恢复原则时，应该通过运动员自我感觉、教练员外部观察、进行生理及心理测试等一系列手段对疲劳程度进行准确的判断。充分运用训练学、医学、生物学、营养学、心理学等恢复手段，积极加速机体恢复。

二、训练计划与组织

国防体育冰雪运动的训练周期以赛事为主导，针对不同的训练阶段，制订相应的训练计划，通过对训练计划的执行，完成不同的训练周期。训练周期依照时间跨度分为多年训练计划、年度训练计划，以及有针对性的每周训练及训练课计划。

1.多年训练的计划与组织

多年训练计划是对运动员多年训练过程的总体规划。对于运动员两年以上的训练过程的设想和安排，都属于多年的训练计划，其时间跨度甚至可长达十几年。

制订多年训练计划时，教练员要从总体上，用发展的视角宏观地规划运动员的多年训练过程。多年训练计划是框架性的，不需要做到详细具体。但是对于年度训练计划、大周期训练计划等具有指导性的意义。对于训练过程中的各种变化，教练员要及时调整及修正，使总体规划保持基本的稳定。

各种研究及实践得出，要想培养出高水平的冰雪项目运动员，必须经过多年系统的、科学的训练。为了保证长期训练取得优异的训练效果，需要对整个训练过程进行整体和合理的规划。

运动员竞技能力的各个部分，包括体能、技能、战术、心理、智能等，都需要经过长时间的训练才能得到明显的改善和提高。竞技能力各个方面训练的合理结构，不同阶段训练重点的安排，都需要科学的多年训练计划的指导。这是运动员竞技能力状态转移长期性的要求。

运动员机体能力变化的周期特点，以及构成运动员竞技能力的运动素质、技术能力、战术能力和心理素质等因素内部结构的层次，决定了运动员竞技能力状态转移的完整过程是由若干个相连的不同阶段组成的。各个阶段有特定的训练任务内容，有不同的负荷要求。这是运动员竞技能力状态转移阶段性的要求。

运动员的竞技能力，受先天因素和后天因素综合影响。先天遗传性因素是重要基础，是竞技能力进一步提高的有利条件。应努力选拔具有巨大竞技潜力的少年儿童,对他们进行系统的训练和培养。运动员的生活环境,训练活动对运动员竞技水平的提高也起着不可忽视的作用。运动员先天因素对竞技能力的影响随着人发育阶段的不同而表现出不同的水平,后天获得的竞技能力也随训练过程的延续而不断变化。因此,科学训练过程始终把追求实现先天和后天因素的最佳组合作为目标。

2.年度训练的计划与组织

年度训练计划是教练员和运动员进行运动训练组织过程的重要文件。制订年度计划,是从事系统训练过程的教练员及运动员必须进行的一项重要工作。

运动员竞技状态的形成、保持和消失三个阶段构成一个完整的训练过程。与之相对应,存在组织准备时期,比赛时期和恢复时期。训练和竞赛过程中,这种连续不断的、循环往复的过程称为一个训练的大周期。训练的大周期是以优异成绩为目标,以运动员竞技状态发展过程的阶段性特征为依据而确定和划分的。

在年度训练过程中,可以包含有不同的大周期数。国防体育冰雪项目的特点是以单周期为主,包括单周期双峰的训练模式。

对于少年儿童课外训练的组织安排,要考虑到其生理及心理特点,有针对性地进行训练。少年儿童注意力集中时间短,兴趣转移快,希望直观地看到成效,对长时间的训练感觉枯燥难以忍受;对训练负荷承受能力低,自我调节能力差,易感到疲劳。要协调好各种条件,从而使训练达到良好的效果。

(1)大周期训练计划的基本构成模式

首先要确定训练大周期时间。训练大周期是以成功地参加一两次重大比赛为目标而设定的。通常采用"倒计时"充填式方法来确定,依次对比赛阶段和比赛时期进行标定,形成完整的训练大周期安排。一般来说,有6—12周的准备时期,8—12周的热身及比赛阶段和2—4周的恢复期,总计时间为16—28周,4—7个月,根据不同的情况可以进行相应的调整。

在大周期的训练计划安排上分时期不同采用相应的办法对各阶段的主要任务、比赛及负荷的总体规划、采用的方法与手段、恢复剂检查评定的要点进行如下概括:

准备时期基本任务是提高运动员竞技能力，培养和促进竞技状态的形成，通过有计划的训练，可以对运动员的技能、体能、战术和心理能力以及运动智能的发展产生良好的影响，为比赛时期创造优异成绩准备良好条件。逐渐培养和发展运动员的竞技状态，至准备期结束时，初步形成竞技状态，基础竞技能力向专项需要的方向转化和集中。准备时期不要过长，否则会加大运动员心理负担，降低训练兴趣，影响竞技能力。这一时期素质训练以持续训练法和间歇训练法为主，负荷量较大，强度较小。技战术训练以分解法为主。

在比赛时期的训练中，主要发展运动员的专项竞技能力和使运动员在竞赛中最大限度地发挥个体具有的竞技能力。做好充分准备参加比赛，达到预定的训练目标。在比赛时期要注意安排好负荷节奏，使体能处于超量恢复期；技战术掌握达到高度熟练和自动化；通过适当的热身赛及其他适应性比赛激发运动员强烈的竞赛欲望；采取各种措施对运动员的进取动机进行激励，但注意要适度。这一时期负荷变化表现为，负荷强度大，负荷量较小。

恢复时期的训练是为了对运动员比赛中高度紧张及生理和心理高度动员的长时间持续所产生的疲劳进行调节。利用自然恢复和积极恢复手段，对运动员进行赛后恢复。在恢复期间认真总结全年训练的经验与教训，并制订下一周期的训练计划。恢复期训练以游戏法、变换法为主进行训练。训练强度低，根据个体情况保持相应的量。训练中要将常规大周期与微缩大周期有机地结合起来，根据重要比赛时间，安排好常规大周期与微缩大周期的合理组合。

（2）年度训练过程中比赛系列及负荷的动态变化

年度训练过程中比赛按主要目的分为竞技性比赛、训练性比赛、检查性比赛和适应性比赛四种基本类型。竞技性比赛是全年训练最重要的比赛活动；训练性比赛是将某些比赛作为一种基本手段进行实战训练，在比赛条件下培养运动员专项综合能力。在团队进行调整后，在特定的比赛中对调整后的情况进行评估是检查性比赛；在重大比赛前进行适应性的比赛也被称为热身赛。

（3）赛前中短期集训的训练安排

在大多数情况下，可将中短期集训看作若干个训练周的组合，在训练中负荷量和强度的变化，需要视阶段训练计划的主要任务而定。

在赛前中短期集训中应特别注意贯彻区别对待的原则。这主要是因为集训中运动员往往来自不同地区。

在年度训练计划的制订过程中，为便于广大教练员应用，特别设计了年度训练计划要点规范化用表（见表 2-1 至表 2-6）。

表 2-1 运动员基本情况

项目		教练员		制表时间	
运动员姓名		性别	民族	出生年月	
代表省市		始训年月	入队年月	运动等级	

表 2-2 本年度比赛成绩及下一年度比赛目标（以 2023 年为例）

比赛年度	2023 年度				2024 年度			
序号	时间	比赛名称	比赛成绩	评价得分	时间	比赛名称	比赛成绩预期	评价得分预期
1								
2								
3								
4								
5								
6								

表 2-3 训练中需解决的问题及拟采取的措施

序号	需解决的主要问题	拟采取的主要措施
1		
2		
3		
4		
5		

表 2-4　年度训练周期、阶段划分及各项计划内容要点

项目	周次
周期及阶段划分	
主要任务	
月	
周次	1 2 3 4 5 6 7 8 9 10 11 12 13 14 15 16 17 18 19 20 21 22 23 24 25 26 27 28 29 30 31 32 33 34 35 36 37 38 39 40 41 42 43 44 45 46 47 48 49 50 51 52
比赛/测验	
负荷量	
负荷强度	
负荷变化强度	
主要恢复措施	
备注	

表 2-5　周训练计划的基本模式

训练日	上午	下午
星期一		
星期二		
星期三		
星期四		
星期五		
星期六		
星期日		

表 2-6　当年训练负荷量度的基本统计及下一年度负荷量度指标（以 2023 年为例）

统计内容		2023 年		2024 年	
		全年	周平均	全年	周平均
总体统计	1.训练年度总日数				
	2.训练年度总周数				
	3.训练日数				
	4.训练课次				
	5.训练时数				
	6.比赛次数				
	7.比赛场次（局数）				
主要负荷内容	1				
	2				
	3				
	4				
	5				
	6				
	7				
	8				
	9				
	10				
	……				

3. 训练周的计划与组织

在训练和比赛中，周也是一个基本的时间单位。周训练是组织训练活动极为重要的基本单位。根据训练任务及内容的不同，把周训练分为基本训练周、赛前训练周、比赛周以及恢复周四种基本类型。

基本训练周的主要任务是通过特定的程序和反复练习使运动员掌握和熟练专项技、战术，以及通过负荷的改变引起新的生物适应现象，以获得多种竞技能力的提高。

在基本训练周计划中不同内容交替安排，这样既能使运动员所需要的各种竞技能力得到全面综合的发展，又可以避免负荷过于集中而导致过度训练。

在国防体育冰雪运动训练过程中，技术训练和战术训练占有突出地位。教练员将技术训练、战术训练的不同内容交替安排在一周的训练之中，从而使运动员在心理和生理上都能在持续不断的紧张训练中得到必要的调节和恢复。

儿童和青少年在基本训练阶段初期，每周 2—3 次，最多不超过 4 次。随着运动员年龄的增长和竞技水平的提高，对训练的要求及对负荷的承受能力也都大大地提高了，可以相应地逐渐增加训练课次。从每周 2—3 次到每天 1 次，再到某些训练日 2 次，直至每天 2 次。

赛前训练周的任务是使运动员的机体适应比赛的要求和条件，把长期训练过程中所获得的各个方面的竞技能力，集中到竞技比赛所需要的方向中去。赛前训练周主要用于比赛前的专门训练准备。在比赛时期的比赛周之前，通常连续安排几个赛前训练周，以使运动员充分发挥其所获得的竞技能力，创造理想的运动成绩。

赛前训练周训练内容更加专项化，练习手段更加贴近实战，练习的组织形式更加与比赛相近。专项运动素质练习比率增加。技术训练完整练习比例增加，努力提高练习的成功率和稳定性。全队战术配合训练比例增加。

赛前训练周训练负荷强度增加，量度适当减少。同时要注意加强恢复措施，以保证运动员能更好地完成这一训练阶段的任务。

比赛周的主要任务是为运动员在各方面培养最佳竞技状态做直接的准备和最后的调整，力求创造优异成绩。

国防体育冰雪项目比赛周应以比赛日为最后一天，向前倒计一个星期予以计算。训练性比赛之前的训练不作为比赛周的训练看待。而具有检查作用的比赛，特别是力求完成训练目标的比赛，要求运动员全力以赴做好准备，需要按比赛周训练的特点予以专门的安排。

比赛周训练内容和负荷结构力求通过科学的设计，使各方面负荷后的超量恢复阶段都在同一时间内出现。运动员需要连续参加多场比赛，要求教练员根据比赛日程的安排制订相应的比赛周训练计划。比赛周负荷的安排，要围绕着使运动员机体在比赛日处于最佳状态来进行。负荷组合方式也是多种多样，总负荷水平不高。

恢复周的任务是通过降低训练负荷量度以及采取各种恢复措施，消除运动员生理及心理上的疲劳，以求尽快地实现能量物质的再生，促进超量恢复的出现。恢复周的安排往往放在连续的大负荷训练之后或大量激烈、紧张的比赛之后。恢复周的训练多选择一般性的身体练习或带有游戏性质的练习等。通常大大降低负荷强度和负荷量，或者大幅度减少，或者保持适当的水平。

4.训练课的计划与组织

训练课是运动训练活动最基本的组织形式，教练员制订的任何计划都需要通过一次次训练课的组织予以贯彻实施。运动训练效益积累使运动员的竞技能力不断提高，训练课的质量直接关系到训练过程的进行及运动水平的提高。

训练课计划包括训练课内容的选择与安排、训练课的组成结构、训练手段与方法的实施程序、训练负荷的大小及恢复手段等。训练课一般分为体能训练课、技战术训练课、综合训练课及测验、检查和比赛课四种。

体能训练课主要安排身体素质训练内容。通过各种训练手段和方法，发展运动员的各种运动素质，提高保持身体机能水平。负荷较大，在大周期中准备期第一阶段安排较多。体能训练课要注意安排好不同素质训练的先后顺序及训练的负荷。负荷量度的把握和训练节奏的安排会对训练效果产生重要的影响。在训练时要注意把握好负荷的"度"，以免产生劣变性反应。

技战术训练课主要进行各种技、战术训练，以及各种为国防体育冰雪运动技术、战术训练服务的辅助性练习。技战术训练要目的明确、内容清晰，训练手段及方法较为集中。技战术训练课的目的是学习、掌握和熟练国防体育冰雪专项运动技术和战术，提高技战术水平，提高团队竞技能力。要选择有效的技战术训练手段。

综合训练课在运动训练中占有一定的比重。在课中根据运动员发展多种竞技能力的需要，运用各种机能紧密结合实战需要的综合性训练方法与手段进行训练。综合训练课的任务是全面发展运动员所需要的综合专项竞技能力，安排时要注意训练内容的合理组合、负荷的合理分配，使运动员依次完成全部训练内容，达到预期的训练目的。

测验、检查和比赛课的任务是对运动员的训练效果进行检查或直接参加比赛。课的负荷量较小，但负荷强度较大或者很大，有时对运动员身体的刺激相当强烈。测验、检查和比赛课是检查训练成果的手段，注意按训练计划的要求安排相应的测试项目和方法，以客观准确地反映运动员的训练状态。

训练课的结构是指训练课的各个组成部分及顺序。通常由准备部分、基本部分和结束部分组成。

准备部分的主要任务是使运动员调整心理状态，调动各种生理机能，准备承受基本部分训练负荷及完成训练内容，获得理想的训练效益。准备活动可分为一般性准备活动和专项性准备活动。

基本部分安排训练课的主要内容。基本部分的训练结构和持续时间因不同训练时期会有差异，这是因为每次训练课都是整个训练计划的组成部分，要使训练效果能够承上启下，得以延续和累积，训练课的内容、练习手段和负荷安排必须符合训练过程发展的趋势，因此，必须根据运动员竞技水平的发展需要决定基本部分的训练安排。另外，在综合内容训练课的基本部分组织时应考虑各种练习内容之间的顺序，改变训练内容时必须做好适应性的专项准备活动，还要注意不同训练内容负荷的累积效应。对于同一机能系统的练习，负荷应有波浪形的变化。

结束部分的主要任务是解除训练课基本部分所造成的生理及心理的紧张状态。训练课的结束意味着运动员机体全面恢复过程的开始。有组织地进行课的结束部分对恢复过程的积极进行有着重要的作用。

三、训练负荷安排

（一）多年训练的训练负荷安排

在多年训练的过程中，运动负荷的内容和量度都因训练阶段的不同而表现出不同的特点。

基础训练阶段的负荷安排首先是协调能力和基本技术的训练；在专项提高阶段及最佳竞技阶段，要把发展决定国防体育冰雪专项竞技能力放在首位；在竞技保持阶段，要重视运动员心理稳定性的保持和提高。运动负荷量度可以通过周训练次数比较看出，由基础训练阶段到专项提高阶段，课次明显增加；而由最佳竞技发展阶段进入竞技保持阶段，训练课次逐渐减少。

在多年训练全过程中的不同训练阶段，负荷量的变化应服从运动员生理发育及训练过程的客观规律。如果把运动员的最大负荷量定为1，在竞技专项化开始阶段和竞技深化阶段，负荷量应控制在45%—50%和70%—80%之间。按照这一比例安排训练负荷，有助于保持各训练阶段之间良好的继承性。

安排参加基础训练的儿童及青少年的训练负荷时，必须严格遵循循序渐进的原则。避免过度训练现象的产生。训练负荷的循序渐进和竞赛项目的系列设置，有利于青少年运动员打好基础，有利于青少年进入专项提高阶段训练后大幅度提高竞技水平，为青少年基础训练阶段任务的完成提供重要保证。如果教练员一味要求过早提高成绩，使少年儿童承受过大的训练负荷，无异于拔苗助长，结果是得不偿失的。

运动员进入专项提高阶段的训练后，可以承受较大的专项训练负荷，根据个体差异，有些可以逐年提高，有些则应波浪式发展。当运动员进入最佳竞技阶段之后，要特别注意细致地安排训练负荷，在这一阶段中训练负荷的安排主要保持波浪形，有起有伏，有张有弛，保持明显的节奏，使运动员能以充沛的精力和理想的竞技状态参加比赛，取得理想的运动成绩。一般来说，波浪式地增加运动负荷是适宜的。但是在一定条件下，也可以采用逐年增加负荷的方式安排。在专项提高阶段和最佳竞技阶段之间，并没有绝对的分界。它们既有独立的训练任务和相对适用的训练方法，明显的负荷特点，彼此间又有着紧密的联系。

（二）年度训练的训练负荷安排

年度训练过程中负荷的量度与负荷的内容构成训练负荷，在全年训练过程中，根据现实目标的需要，科学地规划并有效地调控负荷量和负荷强度的变化，是保证训练成功的重要条件。在训练量和强度的安排中要注意以下要点：（1）力求在重要竞技性比赛时，运动员机体处于最佳状态。（2）全年训练负荷量度的确定与安排，应与运动员机体状态的周期性变化相适应。（3）遵循量变到质变的规律，首先加大负荷量，在此基础上，逐渐提高负荷强度。避免同时加大负荷量和提高负荷强度。（4）高度重视负荷后的恢复，使训练负荷效益最大化。

（三）训练周的训练负荷安排

基本训练周的负荷须根据不同年龄段进行调整。儿童青少年在基本训练阶段初期，每周训练2—3次，最多4次。随着运动员年龄的增长和竞技水平的提高，训练课次可以从每周2—3次到每天1次，再到某些训练日2次，而专业运动队则增加到每天2次。

每天安排2次训练课时，通常以1次为基本课，1次为补充课。基本课安排提高专项所需要的竞技能力，而补充课则可安排较为广泛的训练内容。基本课的训练内容相对稳定，教练员在训练组织过程中要保证训练课预定任务的完成，而补充课则比较机动灵活，经常根据主要课训练实施的情况予以必要的调节。基本课的负荷量一般为大或中，而补充课的负荷量则为中或小。在每周的训练中，合理地分配各类负荷的课次是重要问题，在每周中合理安排 3—5 次大负荷课，可以使运动员在适当的休息后获得超量恢复。但大负荷课应安排几种不同任务的训练，使不同训练内容合理地交替。在每次大负荷课之间，安排小负荷训练课，进行积极恢复。小负荷训练课数量一般为周总训练课课时中的 1/4 左右。周运动负荷的加大，是基本训练周负荷变化的主要特点。加大运动负荷的途径有：增加负荷量，同时负荷强度保持不变或相应地下降；提高负荷强度，负荷量保持不变或相应减少；负荷量和强度都保持不变，通过负荷的累加效应产生更深的刺激。

赛前训练周提高训练强度，负荷量适当减少，有时也可以保持原有的负荷量。注意安排好训练负荷的节奏。恢复性的小负荷训练课次，从基本训练周的 1/4 增加到 1/3，同时加强恢复措施，保证运动员更好地完成这一阶段的训练任务。

比赛周训练内容和负荷结构力求通过科学的设计，使各方面负荷后的超量恢复阶段都在同一时间内出现。运动员需要连续参加多场比赛，要求教练员根据比赛日程的安排制订相应的比赛周训练计划。比赛周负荷的安排，都要围绕着使运动员机体在比赛日处于最佳状态来进行。负荷组合方式可以多种多样，总体负荷水平不高。

恢复周的训练多选择一般性的身体练习。如非专项的其他活动，包括保龄球、游泳、健身操等以及带有游戏性质的练习等。通常大大降低负荷强度和负荷量，或者保持适当的水平。如果比赛周的负荷量很小，也可以在恢复周适当地增加负荷量。

（四）训练课的训练负荷安排

训练课的负荷量度是安排组织好训练课训练过程的重要工作。要明确负荷属性，进而对负荷的量度做出等级划分。

训练过程中安排一定量度的负荷是为了完成某种训练任务，因此，训练负荷的安排不是单纯地追求负荷的数量，而是为达到训练目的服务。不同的训练负荷有着不同的结构属性、机能属性、个体属性和专项属性。

训练负荷的结构属性是指训练负荷量度的确定应服从于训练任务的完成，教练员不应追求负荷量度的绝对大小，适宜的负荷量度是能够保证训练任务完成的负荷量度。每一节训练课在不同的训练过程中都有适当的位置，因此，明确了训练课负荷安排的结构属性，合理安排负荷量度就有了依据。

训练负荷的机能属性是指任何训练负荷都作用于不同的机能系统，各个机能系统在一定的时间内能承受一定的有限度的运动负荷。某一机能系统在一定时间内承受的负荷最大值，就是训练中的最大负荷。

训练负荷的个体属性是指对应于不同运动员的适宜运动负荷是不同的，在运动训练中要区别对待训练负荷的个体属性，并在安排训练课负荷量度时予以考虑。只有针对个体特点来安排训练课的负荷，才能使训练过程顺利进行，不断提高运动员的竞技水平。

训练负荷的专项属性是指要符合国防体育冰雪项目的自身规律，对于国防体育冰雪项目安排运动员训练课负荷量度时要考虑项目的特点。

依照主要训练手段的训练量确定训练课负荷量度等级为：在一次预定时间的训练课中，以完成主要训练手段的最大训练量作为训练负荷的判定标准值 1，则其训练负荷的 50%—80% 为中等负荷，50% 以下为小负荷。

此外，还可以根据训练课后的恢复状态来确定训练课负荷量度的大小等级，即比较同一时间长度的训练课结束后疲劳恢复时间的长短。较大负荷课恢复时间为 1—1.5 天；中等负荷课恢复时间为 10—12 小时；小负荷课只需要几十分钟或几个小时就可完成恢复。

第四节　青少年国防体育冰雪项目心理训练

随着运动成绩增长，竞技水平越来越高，运动员之间的技术水平日益接近，竞技比赛更加激烈。当竞赛双方技术、战术、身体素质等方面相同时，胜负更多取决于心理因素。比赛中运动员体能、技术的发挥、最佳竞技状态的获得以及战术的运用均应以良好的心理训练为基础。心理训练与身体技能、战术训练紧密联系在一起，并由此构成现代运动训练必不可少的一部分。运动员心理训练分为一般心理训练和短期心理训练。

一般心理训练又称为长期心理训练，是指长时间内采用一定的方法和手段提高运动员心理素质所采取的训练。它贯穿在身体、技术、战术训练过程中，主要培养运动员良好的参赛动机，敏锐的感知觉能力，记忆、思维、情绪调节能力，意志品质等，此外还包括个性特征的培养。

短期心理训练，主要任务是使运动员具备该项运动所必需的特殊心理品质，或是使运动员针对具体比赛形成最佳的心理准备状态，调整动机、降低焦虑、保持赛前心理状态的稳定。主要目的是明确比赛任务，激发比赛动机，树立比赛信心；掌握具体的心理训练方法，形成最佳竞技状态。

国防体育冰雪项目的运动特征是以军事技术及心理品质为主要影响因素的运动项目，心理因素对比赛起着至关重要的作用，本节重点介绍运动员的动机和唤醒水平、注意、焦虑等基本知识，并有针对性地提出关于心理训练的一些方法和建议。

一、运动员的动机和唤醒水平

（一）动机的概念与分类

1.动机的概念

动机是由一种目标或对象引导，激发和维持个体活动的内在心理过程或内部动力；是对所有引起、支配和维持生理和心理活动过程的概括；或说引起和维持个体活动，并使活动指向某一目标的内部心理过程或内部动力（彭聃龄，1988）。

运动员为赢得比赛的高额奖金而刻苦训练，与为国家争得荣誉而刻苦训练，显然是两种不同性质的动机，动机的不同直接影响行为的效率和结果及坚持性，认清动机的类别对教练员显得非常重要。

2.动机的主要分类

根据需要性质可分为生理性动机和社会性动机，如饮食、睡眠等由基本生理需要引起的动机就是生理性动机，而友谊、交往、荣誉等引起的动机就是社会性动机。

根据动机产生来源可分为内在动机和外在动机（也称内部动机和外部动机）。动机来自个人内心的主观驱动即内部动机，如运动员从小就对国防体育冰雪运动具有强烈的兴趣，并发自内心地愿意从事训练和比赛，并没有外部因素的明显影响，这种动机是内部动机，通常内部动机对运动员起着更重要的作用。如果动机是由外部因素引发的，如运动员从事国防冰雪运动是想通过训练获得更高的报酬和更好的工作，这时动机就是外部动机。

个体的动机性质和动机强度直接影响到行为的效果，高强度的比赛动机或过低的比赛动机会对运动员心理状态产生积极或消极的影响。教练员要能够准确把握运动员的训练动机和比赛动机，从而更好地把握运动员的心理并指导训练工作。

（二）动机的功能

动机的功能主要包括激发功能、维持功能、调整功能。激发功能可以激发个体行为指向某一具体的目标；维持功能可以维持个体的行为在某一目标实现过程中的连续性；调整功能是指，当个体行为违背或脱离了预期的目标，能够及时调整行为指向既定的目标。

（三）动机对运动员训练比赛的影响

具有良好运动动机的运动员通常在训练中会更加努力投入，良好的动机通常来自运动员内部追求，并结合外部的奖励，内外动机联合作用于运动员的投入努力程度及训练比赛效果。

在具体的比赛中，运动员的动机水平高低会影响比赛心理状态的起伏，进而影响比赛竞技水平发挥。

奥克斯丁（Oxendine，1970）总结了有关唤醒水平与任务性质关系的研究，归纳为以下几点：高唤醒水平是耐力、力量和速度性（体能类）运动项目取得最佳成绩所必要的。高唤醒水平会对复杂运动技能活动，精细肌肉活动，要求协调性、稳定性以及一般注意力的运动活动产生干扰。对所有运动任务而言，稍高于平均水平的唤醒比平均水平或低于平均水平的唤醒更合适。

根据国防体育冰雪运动特点，运动员的现场比赛动机水平不宜太高，以中等程度水平为宜。

二、运动员的注意

注意是人类必不可少的基本心理活动之一，对于运动员来说良好的注意起着更重要的作用，出色的注意品质是高水平运动员必备的基本心理品质之一。

（一）注意概念和分类

1. 注意的概念

莫里（Moray，1969）认为注意是心理活动对一定事物的指向与集中，注意包括六种含义：选择性、集中、精神准备、视觉搜索、信息加工和唤醒。注意本身不是一个独立的心理过程，它是伴随着感知、记忆、思维、想象等心理活动的一种心理状态。

2. 注意的分类

注意可以分为无意注意和有意注意。有意志努力并保持在一定目标上的心理活动是有意注意。不需要意志努力由刺激的变化或新异性引起的心理活动是无意注意。

人类大多数活动几乎都是有意注意下完成的，对运动员来说有意注意的能力尤其重要。

（二）影响无意注意的因素

1. 客观刺激物的特点

（1）刺激物的强度。刺激的强度大小能够影响运动员的无意注意，如更大的声音能吸引人的注意，相对较弱的声音不能引起无意注意。

（2）刺激物的新异性和对比性。越是新奇的、对比反差明显的刺激越能引起运动员的无意注意。

（3）刺激物的活动和变化。变化和活动的刺激物更能引起运动员的无意注意。

2. 人的主观状态

（1）个体的需要和兴趣。符合个体需要和兴趣的刺激更能引起运动员的注意，如一个运动员在看比赛时，更会关注对方的战术、技术等方面的信息。

（2）个体的情绪和精神状态。当一个运动员处于兴奋状态或安静状态时，他的注意会受到状态的影响，疲劳状态的运动员注意稳定性会相对较差。

（三）注意的特征

1. 注意的广度

注意的广度，是指一个人在同一时间内能够清楚地把握注意对象的数量，是注意的空间特征。运动员能够在短时间内注意到赛场上人员的位置与数量，反映了注意在广度上的特点，一般来说项目不同对注意的广度要求不同，如射击队员不需要很高的注意广度，而篮球、足球等项目则需要队员有更好的注意广度。

2. 注意的稳定性

注意的稳定性，是指注意在同一对象或活动上所保持时间的长短。这是注意的时间特征。国防体育冰雪运动员的注意稳定性非常重要，在比赛过程中对注意稳定性要求非常高，一方面注意高度集中在所要攻击的目标上，另一方面要随时注意调整自己的运动速度、方向等。

（四）注意力训练方法

良好的注意能够促使运动参与者加强对自我心理活动的控制，排除内外因素的干扰，将心理活动指向于运动操作之上，防止分心和伤害事故的出现，促进运动技能的有效学习与比赛的完成。

1.注意集中训练的方法——"视觉守点"

利用视觉集中注意，是指利用视觉注视某个目标，练习与提高注意集中能力的方法。

在墙上画一个圆点，练习者与墙保持一定距离，两眼凝视圆点。一段时间后，闭目在头脑中回忆墙上的圆点，睁眼再注视该圆点，反复练习。练习过程中可能出现分心的情况，将注意力再次集中到圆点或回忆上即可。

先注视秒针转动 1 分钟，没有分心情况后，再延长注视 2—3 分钟，甚至 5 分钟。随着练习次数的增加，注意集中在视觉目标上的持续时间加长，注意的能力也会逐渐提高。

2.注意集中训练的方法——"听觉守点"

利用听觉"守住"某个声音，练习和提高注意集中能力的方法。

三、运动员的焦虑

在体育比赛中，焦虑是一种较为常见的情绪，运动员时常受到不同程度的焦虑情绪影响。事实上，焦虑也是一种唤醒状态，有时甚至很难区别它与高度兴奋的差异。但是一旦焦虑程度超过了镇静的限度，使运动员处于过度应激状态时，就会对成绩产生消极的影响。

赛前焦虑（Pre-competitive Anxiety, PCA），又称竞赛焦虑，是和比赛有关的焦虑状态。在现代运动竞赛中，运动员的赛前焦虑越来越受到关注，主要原因是随着高端选材技术和选材理论的细化和快速发展，参赛队伍运动员的技术水平日趋接近，训练方法透明度日渐提高，身体素质的先天性差距日渐缩小。在激烈、势均力敌的比赛之中，选手赛前、赛中的心理状态对于发挥自己的应有水平、赢得比赛而言，显得特别重要。1984 年奥林匹克科学大会上，美国的格鲁波指出：对于低级别赛事，运动员的生物力学因素对比赛胜败的影响占 80%；对于高级别赛事来讲，运动员心理因素对比赛胜败的影响占 80%。由此可见，在高水平比赛中，运动员的心理状态与控制赛前焦虑情况对比赛结果有决定性的作用。

（一）焦虑的分类

著名心理学专家斯皮尔伯格认为焦虑分为状态焦虑和特质焦虑两种，状态焦虑一般指个人在特定的情境和特定的时间所直接表现出来的并带有明显的外显行为的焦虑情绪，是一种暂时波动的情绪状态。特质焦虑是指焦虑倾向性方面表现出的较为稳定的人格特质，是个体的个性特征。特质焦虑个体几乎在他们面临的各种情景中都会表现出较高的焦虑水平。特质焦虑具有动机的作用，是后天习得的行为倾向，即一个人无论在何种情景中都预先具有一种以特殊的情绪反映方式和程度来对待事物的倾向。

（二）焦虑的调整方法

根据焦虑的分类，每种焦虑都有相应的调整方法，每种方法又有相应的运用时机和原则，有的需要长期使用，有的是临场赛前的一些调整措施，教练员应该根据运动员具体情况来运用。

克拉蒂则主张将焦虑调节方法分为四类：第一类是身体焦虑调节法，这些方法主要调节肌肉紧张、呼吸和心血管等身体活动过程；第二类是表象训练；第三类是行为矫正法；第四类是认知调整法，主要矫正运动员的思维过程。本节主要介绍表象训练控制和调节运动焦虑的方法。

1. 表象转移

这一方法是将运动员从应激或失败的情景表象中转移至积极的情景表象中，具体实施时可采用"思维中止法"，即当运动员在脑中浮现应激情景并产生焦虑体验时，心理教练应大喝一声"停止"，随后让运动员想象令人愉快的情景。以后，可以让运动员自己经常练习这一方法，即在脑中出现消极情景时，自己对自己大喝一声"停止"。麦钦伯姆在其"应激灌输训练"计划中包括以下内容：要求运动员想象引起焦虑的情景，然后想象在这一情景中使用应对技能。想象的应激情景可分成不同等级（从不太应激到很应激的情景），同时想象应对不同应激情景的技能。这一方法旨在提高运动员应对真实比赛时应激情景的能力。

2. 回想成功的情景或经历

当一个运动员体验到焦虑时，他可以想象以前成功的经历和情景。克拉蒂 1985 年曾报道了两个研究案例，一名长跑运动员在面临比赛应激情景威胁时，他就回忆过去在中学比赛的辉煌经历；另一名体操运动员在异国体操馆比赛紧张时，他就回想自己在本国体操馆比赛时受到观众热情支持的场景。克拉蒂及其学生所做的另一个研究是让 7 名长跑队员在比赛将要开始时想象成功情景，即他们想象自己获胜。结果，运动员降低了已经体验到的焦虑情绪。总之，运动员可以回忆以前成功的经历，也可以想象将来可能获得成功的情景来激励自己，挖掘潜能，赛出好成绩。

3. 技能的心理演练

技能的心理演练也有助于降低焦虑情绪，这体现在以下两个方面。运动技能的改进可促使运动员的自信心增强；在赛前进行技能的演练，可使运动员将对比赛的担忧转移至对活动的注意上。

例如，在比赛前，一个篮球运动员可以想象自己正在一个无人的体育馆进行投篮；然后想象自己在有同伴观看的情况下投篮，接着想象观众正注视着自己的情况下投篮；最后可想象在观众发出对自己伤害性言语的情况下投篮。运动员在实施了这一方法后，在随后的比赛中即使面临各种应激情景时，也会面不改色手不软（指投篮）。卡罗南（Koloney，1977）研究了这一方法对篮球投篮成绩的作用，结果发现，通过技能心理演练，运动员在比赛时投篮成绩提高了。温伯格等在 1981 年和 1982 年所做的研究都说明通过技能的心理演练后，运动员的焦虑情绪可降低。

四、心理训练基本方法

（一）心理训练与控制技术

1. 认知调整法——改变不合理信念

例：分析辨认个人的不合理思维以及解决办法（我不喜欢这次比赛的场地，我不喜欢打这个位置，我能力不是很突出，我不喜欢和他在一个队或一起比赛，教练不够重视我）。

（1）这些信念是否建立在客观现实的基础上？

（2）这些信念是否对你有帮助？

（3）这些信念是否有利于减少人际间的冲突？

（4）这些信念是否有助于你达到自己的目标？

（5）这些信念是否能减少情绪困扰？

以上五点是运动员用来判断自己信念是否合理的 5 个问题，并根据回答结果来确定信念的合理性。

不合理信念的特征是所有不合理信念的出发点都是个体试图去控制他们不可能控制的外部环境和周围的人们，而这种控制又是个体的能力所达不到的。

阻止和消除这种思维的关键是个体应该有一种清醒的意识——有些环境事件是不在个体控制范围之内的，想法也是对我和团队毫无益处的。

解决办法一：思维阻断

当发现自己头脑中出现消极思维时，利用一种刺激或线索来使其中止。这种刺激可以是言语的（在内心大声地对自己说"停止"）、视觉的（在头脑中出现红色的停止灯光）或身体的（突然猛咬手指头）。可以选择其中的任何一种形式，只要这种形式能够立即中断消极的思维，又不会影响任务的完成并能够连续地使用。

解决办法二：自我谈话技术

将消极的思维改变成积极的思维：其具体方法是在一张纸的一面列出一些典型的消极自我陈述，在纸另一面列出对应的积极自我陈述。在现实中每当消极的自我陈述出现时，立即用相应的积极自我陈述将其替代。由于个体常常在应激状态下和生理唤醒水平较高的状态下产生消极思维，所以建议在深呼气后做一些积极的陈述。

解决办法三：辩驳

只要相信消极的陈述，那么他就不可能将消极的自我陈述改变成积极的自我陈述。在帮助个体认识到他们不合理的信念之后，要向他们介绍如何通过自我谈话的方式来反驳这些想法。其目的在于使个体通过认识到这些想法的不合理性来摆脱它们，并以合理的思维代替不合理的思维。

2. 认知重构

一般而言，个体倾向于以一种狭窄、苛刻的眼光看待世界。可利用认知重构技术来改变个体的参考系或看待世界的方式。通过改变自己的观点来使消极的自我陈述转变为积极的自我陈述。这种方法一般需要心理咨询技术人员长时间进行服务工作才能更好地进行。

3. 表象训练

（1）表象能力训练

表象能力训练包括表象能力测定、传授表象知识、基础表象练习和结合运动专项的表象练习。其中，基础表象练习是最为重要的一个步骤，主要围绕如何提高感觉觉察能力、表象清晰性和表象控制性来进行。

表象训练的目的是利用贮存在记忆中的经验，创造出自己能够组织和控制的形象，并对这些形象进行操纵。这就要求练习者首先能够在头脑中存储动作的体验，也就是在完成动作时要主动意识到各种感觉，并将它们加工、贮存到动作记忆中。练习者能够看到、听到、触到的刺激越多，在意识中觉察得越细，存储就会越巩固，就越可能在运动表象中清晰地体验到这些感觉。

（2）感觉觉察能力训练

感觉觉察练习：放慢动作的节奏，将注意力专注在各种感觉上，反复多做几遍练习，使感觉觉察更细致、更清晰，加深在头脑中的感觉体验。这些动作体验，是唤起动作表象的基础。

（3）表象清晰性训练

表象的清晰性是评价表象能力优劣的基本标准之一，它不仅仅是指视觉表象的清晰，而且还包括完成动作所涉及的所有感觉的清晰性。表象清晰性练习的目的是提高运动表象的鲜明生动性和真实性。

练习时必须利用所有的感觉经验，尽可能生动地、真实地进行表象演练。表象的内容越逼真，体验越深刻，对实际操作的积极影响也就越大。

注视自己的手掌，仔细观察手掌纹路的深浅、粗细、走向、交叉等特征，然后闭上眼睛进行回忆。回忆得越形象、越细致越好。

反复练习之后，就不用再看手掌了，每次练习时直接闭目回忆自己手掌的纹路特点，每次都设法将各个细节清晰地回忆出来。

想象自己正用右手提着一个空水桶，直臂慢慢将其向体侧抬至与肩同高的水平。边抬边体验手臂用力的感觉。现在，想象有人往桶里倒水，倒了5公斤，水桶的重量增加了，手臂所用的力量也要增加，努力去感受手臂增加用力的感受；又倒了5公斤，水桶的重量又增加了，手臂的用力也再次发生了变化，努力体验用力感觉的变化。随着提桶时间的延长，手臂的疲劳感不断增加，感到水桶越来越沉重，保持水桶的水平位置所花费的力量越来越大，再次努力体验这种用力和疲劳的感觉。现在，有人将水桶从你的手臂上拿开，手臂立刻轻松起来，想象自己慢慢放下手臂，愉快地体验手臂上产生的轻松感觉。

想象自己扭伤了脚踝，疼痛难忍，并伴有强烈的烧灼感。努力体验这种受伤后的感觉。此时，医生用冰袋敷在你的脚踝部，以减轻可能的肿胀。脚踝部位立即产生了丝丝凉意，疼痛感与烧灼感渐渐减轻。慢慢产生凉意感觉。随着敷冰袋的时间延长，脚踝部位越来越凉，凉得发麻，凉得发疼，渐渐地变得麻木了，失去了感觉。现在，冰疗结束，医生将冰袋拿走，你的脚踝逐渐恢复知觉，温暖感逐渐扩散，脚踝暖和起来，但轻微的疼痛又隐隐出现。在整个表象过程中，要努力地产生各种感受，真实地去体验它们。

（4）表象控制力训练

另一个评价表象能力优劣的标准是对表象的控制力，即变化、操纵、调节表象的能力。清晰但无法控制的表象，将会是一种障碍，它们会使运动表象无法以正确的动作流畅地进行。

a.比率练习

在头脑中想象一位熟悉朋友真实、完整的形象。然后，在脑海中按比例将其缩小一倍，想一想他变成了什么形象；再将他缩小一倍，他又变成了什么形象。之后，将他放大，放大到与真人一样。再将他按比例放大一倍，想一想他变成了什么形象；再将他放大一倍，他又变成了什么形象。然后，在头脑中将他恢复至正常的形态。

b.切块练习

在头脑中想象出一个正方形、六面都涂有红漆的木块。想象将此木块均匀地切成两半，得到了两个木块，这两个木块有多少红面、多少无漆的面；再在头脑中将这两个木块均匀地切开，得到多少木块、多少红面、多少无漆的面；如再继续地将木块切开，每一次切块后，将得到多少木块、多少红面、多少无漆的面。

c.表象练习

结合运动技能进行表象练习：通过观察动作示范，或通过讲述动作技能的要点，能够部分地获得如何完成此技能的动作概念。但此时他们还不能形成生动的运动感知，只有通过实际操作此动作技能后才能发展此技能的运动感知。当你有了这一动作技能轮廓的初步概念后，才能从运动表象中充分获益。

运动表象练习为三个步骤进行：短时间的放松，因为精神和身体任何部位的紧张都会影响表象的清晰性；"活化"动员，即暗示自己全身放松，头脑清醒，注意集中，准备全神贯注地进行运动表象练习；在暗示语的引导下想象动作技能完成的过程和体验。

不同运动专项的技能表象练习也可按照动作感觉觉察、表象清晰性和表象控制性的分类进行安排。可根据不同的动作技能、学习阶段、练习目的和不同的个体设计相应的表象练习方法与程序，以提高表象练习的针对性和运用表象技能提高运动技能学习的效果。表象训练的指导者应该牢固树立只有通过系统练习才能取得良好效果的观念。

（二）心理调整方法

1.呼吸调整法

目的：轻移注意力，降低大脑兴奋水平，减弱交感神经过程，使心率血压，乳酸含量下降。有利于消除兴奋紧张。

做法：可利用赛前、赛中间歇，选舒适姿势，全身放松，调整呼吸。

建议：取一个舒适的位置，坐或躺下来，闭上眼睛；开始慢慢地呼吸，每次呼气与吸气的时侯数数，从一数到三，以维持慢而有规律的呼吸模式；伸展四肢与呼吸相结合，可以获得更大的放松和减少应激。例如，吸气的时侯，手臂向上伸，呼气的时侯，手臂向下放；进行这种锻炼5—15分钟。

2.信心鼓励法

目的：提高对比赛意义的认识，培养良好的竞赛活动，增强应激状态。

做法：召开小型多样，生动活泼的符合青少年特点的各类活动会议，例如战地动员、相互谈心、互送格言。

建议：目标的提出适合运动技术水平；活动宜安排在赛前两三天或赴赛区的前两天；活动宜短小精悍生动，忌长篇大论、严肃。

3.认识分析法

目的：深入分析比赛形势，正确认识彼此实力，摆正自己的位置，明确比赛的任务目标。使队员心中有数，克服盲目心理，消除紧张，提高增力情绪。

做法：召开形势分析座谈会、讨论会、讲解会。

建议：尽可能收集对方一切情报，详细了解敌情，包括其体力，技战术（心理特点及对方教练的特点）；善于进行彼此实力对比分析，寻找出各自优劣长短，扬长避短；处理名誉及成绩，领导期望与具体实力差异的关系；多用于赛前两周左右进行。

4.音乐调节法

目的：利用音乐感染力以取得对心理、情绪的调节，消除恐惧心理，缓解紧张。

做法：开展音乐欣赏会，讲解含义。

建议：环境宁静，伴有语言诱导；音乐节奏欢快，使人激昂、振奋，精力充沛；轻柔舒缓，肌肉松弛，缓解紧张；轻松、愉快，大脑兴奋适度。

5.暗示调节法

目的：通过重复某些词语，实现心理调节法。

做法：赛前或赛中间歇时间，闭目入静，默念选定的有关熟用词语（镇定、沉静、放松等）。

建议：默念词语时意念高度集中，尽可能排除杂念；默念自编习惯用语，积极肯定现在时态。

6. 表象调节法

目的：根据比赛需要头脑中重现面临当前情景相似的过程，曾获成功的动作或比赛、图景以唤起动作回忆，想象到成功时的身体感觉和情绪状态效果更好。

做法：取坐卧全身放松，微闭双目，心境力图平静，开始回忆成功的比赛，或回忆动作要领，回忆越清晰越好，直到满意为止。

建议：意念高度集中，表象重现清晰，态度认真，意念专注；此法可与暗示法结合进行，通用于赛前、赛中间歇，也可用于平时训练强化技术。

7. 活动调节法

目的：通过准备活动进行心理调节。

做法：赴赛场和进入比赛前教练应仔细地观察运动员外在表现并分析其内在心理活动状态，根据情况安排，准备活动的内容、强度、时间。

建议：若情绪过度兴奋，安排一些轻柔舒缓的运动或活动，如关节柔韧练习或转移注意力内容。若兴奋水平不够，则安排强度大，准确性高的练习内容。

8. 渐进放松训练

目的：利用准备活动开启自我心理暗示调解过程。

做法：教练员在每堂训练课的准备部分要对运动员的训练状态和心理反应进行全面观察，了解运动员身体机能状态，根据训练内容和目标让运动员在训练过程中实施渐进放松的理念。渐进训练方法也可理解为肌肉神经系统的放松方法，训练中运动员的神经系统控制训练过程中肌肉的张弛度。感知意念训练从身体的上半部分肌肉开始，运动肌肉按照顺序紧张放松，渐进地使全身肌肉都达到放松状态。使运动员感到轻松和活力倍增，实现训练效果最佳。

建议：渐进放松训练方法应在大运动量、大强度训练前和赛前训练采用；渐进放松训练方法应选择不受干扰的安静环境下进行；训练中运动服的选择要柔软宽松；运动时应选择放松坐姿为佳；训练时间应选择在上午身体最佳状态下进行。

以上各种心理训练方法和调整技术可以在日常训练中进行，有些方法适合在比赛前一段时间进行，所有的方法都有其特点和针对性，需要教练员对运动员进行心理状态判断之后，根据需要采取合适的心理训练方法或调整技术，同时注意长期心理训练与短期心理调整相结合来使用。重要的是要让运动员自己学会心理训练、感知暗示、调整技能，增强自控的能力。

第 三 章

青少年国防体育冰雪丛林野战

"丛林野战运动"又被称作"真人CS",是一项充满刺激、适合大众的趣味时尚运动。冰雪丛林野战集体力、智力、团队协作于一体,结合军事训练主题,在规定场地通过走、跑、跳、爬、射击等运动手段,部分运用导航定位系统、数传电台、视频传输、激光传感器、无人机等高科技手段,融合定向越野技巧、军事训练科目进行相互联络、团队指挥。

作为大众型军体项目和科技体育赛事,它不但具有竞技体育激烈、惊险、刺激的特点,具备时尚体育竞技的基本特征,而且在学校体育、航电模中心、国防体育、体育旅游及素质教育等方面有其特有的作用,是深受广大青少年喜爱的一项运动。

丛林野战集运动与游戏于一体,是一种紧张刺激的活动项目。它在中国兴起于20世纪90年代,受到战争游戏发烧友的追捧,现今应用于团队建设娱乐和军事爱好者娱乐、国防体育比赛等领域。

青少年国防体育冰雪丛林野战比赛项目是从丛林野战运动项目中发展而来,在夏季丛林野战运动的基础上,依托东北地区高纬度、高寒的天然地理环境,结合特有的大冰雪、大森林自然资源,磨炼参赛队员抵抗严寒、风雪的战斗意志,考验团队成员的配合、协作、组织、防御能力,单兵战斗素养,荣誉感等。同时,青少年国防体育冰雪丛林野战也是体验抗联战斗环境、缅怀抗联先烈、弘扬抗联精神的一种方式。

相较于夏季丛林野战运动，冰雪丛林野战提高了难度，从以下几个方面做比较。

第一，作战环境。夏季丛林野战有充分的树木、草丛、灌木丛等遮蔽物，能更好地利用遮蔽物掩护、战术机动、伪装等，而冰雪丛林野战可利用的遮蔽物只有皑皑白雪及少得可怜、没有树叶的树木，再无其他遮蔽物，掩护、战术机动、伪装等因素匮乏，作战难度大增。

第二，温度。夏季丛林野战虽然伴有高温、蚊虫、雨水等，但浓厚的遮蔽物可以抵挡部分强烈的太阳光直射，利于掩护、战术机动、伪装等，而冰雪丛林野战作战环境在东北高纬度、高寒地区，温度在零下十几到零下三十几度之间，长时间低温状态下，人体无法抵御寒冷、身体机能弱化、行动迟缓、动作僵硬、作战效能骤减，掩护、战术机动、伪装等行动无法长时间实施。

第三，设备。冰雪丛林野战对于设备要求更高一些，要求可以抗低温、电子设备低温条件下长时间续航、观瞄设备除雾功能、高寒林区通信设备的正常运行等。

第一节　青少年国防体育冰雪丛林野战装备与场地

一、冰雪丛林野战竞赛装备

竞赛器材选用国内主流镭射枪械及附属靶标，声、光、电、无线传输系统，还原战场枪械环境，营造真实比赛氛围，体现出竞技体育激烈、惊险、刺激的特点。

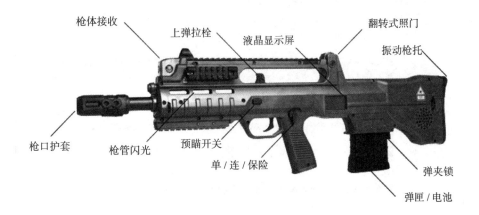

枪体接收　上弹拉栓　液晶显示屏　翻转式照门　振动枪托

枪口护套　枪管闪光　预瞄开关　单/连/保险　弹夹锁　弹匣/电池

图 3-1　冰雪丛林野战竞赛用镭射枪

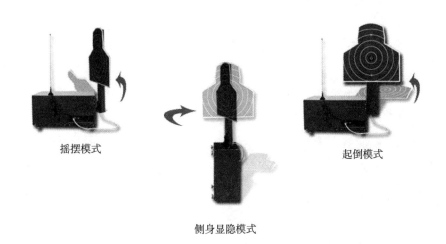

摇摆模式　　　　侧身显隐模式　　　　起倒模式

图 3-2　起倒靶标

二、冰雪丛林野战竞赛场地

冰雪丛林野战赛场地选址在地势平坦的原始森林地带，长度 100 米、宽度 60 米的区域（也可根据比赛场地实际情况调整）。

丛林野战赛场地规格：长60米、宽40米
比赛预备区：长3米、宽2米
淘汰区：长5米、宽5米
主裁台：高2.5米、长2米、宽1.5米

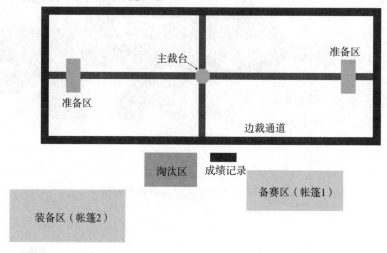

图3-3　冰雪丛林野战场地设置

设立冰雪丛林野战赛装备区、冰雪丛林野战赛准备区、冰雪丛林野战赛淘汰区、冰雪丛林野战赛成绩记录区、冰雪丛林野战赛主裁高台、冰雪丛林野战赛边裁通道、冰雪丛林野战赛音响设备区、冰雪丛林野战赛直播设备区等区域，备有冰雪丛林野战赛紧急通道用于保障应急医疗救援。

树木占整个比赛场地的比例不低于45%，原生态树木直径在40厘米以上为宜，这样的直径树木便于参赛选手的掩护运动、转移、掩体射击等，增加冰雪丛林野战赛的真实性、观赏性；可以有低矮灌木丛，清除掉带有尖刺的危险性灌木，避免给参赛选手带来不安全因素，确保比赛的安全性；距地面2米高左右的残存树枝要清理掉，避免参赛选手脸部意外刮伤；比赛场地内的倒伏树干、树枝、带刺的灌木丛等影响比赛的障碍物要清理干净；比赛场地内的积雪厚度要达到30厘米至40厘米左右，一定厚度的积雪可以增加冰雪丛林野战赛的竞技性，又可以增加冰雪丛林野战赛的趣味性，还可以增加一部分的安全性，参赛选手倒地时可以起到一定的缓冲作用。

第二节　青少年国防体育冰雪丛林野战训练方法

为提高比赛质量、增强比赛的专业性、增加比赛的趣味性，必要的技战术训练尤为重要。

一、技术训练手段与方法

（一）设备检查

训练或比赛前要严格按照规范流程进行设备检查，以避免不必要的失误。检查包括电源、准镜、线路连接、扳机击发、头盔、显示屏、弹药基数、生命值、所属团队等关键信息。运动员按要求试枪，如有问题第一时间报告教官，解决故障，确保设备的正常运行。

（二）射击技术训练

训练时着重开展射击技术的训练，包括持枪、举枪、出枪、立姿瞄准、跪姿瞄准、卧姿瞄准、精准度训练、射击距离训练、快速出枪、快速瞄准、快速击发、移动射击、转移阵地、掩护射击、团队协作等。

1.据枪训练

熟悉枪的结构、性能，通过科学、系统的训练，增强正确据枪意识，保持装备的完好性。进行精确射击的基础是据枪稳定，据枪稳定性训练是指射手据枪后，枪支准确地瞄向目标所停留的时间、枪支晃动范围的大小以及对缩小晃动范围过程的控制。要实现稳（据枪稳定）、瞄（瞄准）、扣（扣扳机）三者协调配合，应做好以下几点：（1）练稳。良好的枪支稳定性是瞄、扣配合的基础。枪支在瞄区内呈有规律的缓慢晃动且晃动范围小。（2）不苛求瞄准，构成正确瞄准景况后能适时扣响扳机。（3）预压扳机训练。食指单独用力、压实到位，是适时击发的重要准备。（4）心理训练。保持击发过程心情坦然，不急不躁。

2. 准度训练

在持枪训练的基础上，先练习静态瞄准，包括立姿瞄准、跪姿瞄准、卧姿瞄准，争取做到持枪稳定、瞄准于心、有意瞄准、无意击发，为下一步射击训练打好基础。

（a）立姿射击　　　　　　　（b）跪姿射击

图3-4　立姿射击与跪姿射击

3. 精度训练

在准度训练的基础上，练习精度靶射击，按照距离逐步练习精度射击训练。

4. 射击距离训练

根据比赛科目的靶位距离，练习远距离射击；快速出枪、快速瞄准、快速击发、模拟速度射击，为后期合练打好基础。

5. 团队合练

全状态下合练，在模拟比赛环境下设置射击训练难度。

二、战术训练手段与方法

战术是指导和进行战斗的方法。主要包括：战斗基本原则以及战斗部署、协同动作、战斗指挥、战斗行动、战斗保障、后勤保障和技术保障等。按基本战斗类型分为进攻战术和防御战术；按参加战斗的军种、兵种分为军种战术、兵种战术和合同战术；按战斗规模分为兵团战术、部队战术和分队战术。

（一）战术基本类型

冰雪丛林野战赛战术基本类型包括攻击战术、防守战术；进攻时，集中火力从不同角度、不同距离、不同方向对主要方向之敌实施综合火力杀伤，并保持不间断的火力优势；将主要力量突然、迅速地集中于主要突破地段，以攻击与突击相结合的方法，突破敌人防御；适时机动后续力量，保持进攻锐势，对敌实施歼灭。防御时，集中主要兵力、火力于主要防御方向，组成全方位和有重点的防御体系。集中火力突击主要方向敌人，以主要兵力坚守主要阵地，适时机动兵力、火力增强或支援主要方向的防御，挫败敌人进攻。

（二）战术训练的要求

战术训练要求在技术训练的基础上，进行单兵训练，最后是班组协练，达到团队作战目标，全员在训练中要做到听从指挥、团结协作、灵活机动、勇敢顽强、敢打敢拼、勇争第一。

（三）战术训练的基本内容

1.单兵训练

在对战中，通常只能在地形隐蔽、敌人观察不到我方情况的时候采用直身前进的方法，一般以大步或快步持枪前进。在遮蔽物略低于人体时，采用屈身前进。技巧和要领在于，右手持枪，上体前倾，两腿弯曲，屈身程度视遮蔽物高低而定，目视前方，以大步或快步前进，如图3-5所示。

图3-5　屈身前进

　　在壕沟内运动时，根据壕沟的深浅采取直身或屈身前进。动作要领是：右手持枪，紧贴身体右侧，左手扶装备，目视前方，隐蔽地前进。运动中做到姿势低、速度快，不断观察敌情和前进路线，同时，防止枪托碰撞壕沟壁。训练和比赛中注意保护装备，枪口不要碰触积雪，容易堵塞激光发射口，影响射击效果。

　　重点练习障碍物的利用，隐蔽与转移阵位。前进时应先选择好下一个掩体再行动，移动的速度要快、身形要低，尽可能让队友掩护你（见图3-6）。

图 3-6　掩护持枪姿势

　　移动中射击及射击移动目标的准确度将是对战获胜的关键（见图3-7）。火力支援也是行动中必不可少的，多人配合的大面积火力压制会减少队友的伤亡。狙击手是火力支援中非常重要的角色。

图 3-7　移动中射击

2.团队合练

演练团队配合度：团队的配合度关系到团队作战的效能，配合度越高，团队作战效能越强；演练团队战斗队形：战斗队形的合理运用可以更好地发挥团队效能；演练团队战术：团队战术和单兵战术动作是团队作战的基础，团队战术运用得当，团队的作战效能大大增强，比赛获胜的概率更大。

（1）全军出击战术：利用速度，出击至有利地形，给予敌方有力打击，抢占先机，此战术要求队员身体素质好，团队配合默契，相互掩护，协同作战。

（2）两翼牵制加中心突破战术：利用有利地形，中心队员快速突击，两翼队员牵制敌方有生力量，达到抢占先机，给予敌方重大打击的目的。

（3）两翼迂回加中心牵制战术：中心地带牵制敌方有生力量，利用有利地形，两侧迂回至敌方力量薄弱处，达到给予敌方有力打击的目的。

（4）侧翼迂回加重点阻击战术：敌我双方僵持不下时，选取有利时机，布置重点阻击方向，派遣精锐作战力量，侧翼迂回包抄，给予敌方毁灭性打击。

（5）梯次防守战术：梯次防守战术，一方火力不占优势情况下，利用有利地形，梯次布置防御力量，力争保存自己，积蓄力量，打击敌人。

（6）运动防御战术：一方处于劣势情况下，积极运动防御，消耗敌方进攻力量。

第三节　青少年国防体育冰雪丛林 野战训练水平评定

一、射击技术

用 CS 自动步枪进行射击测试，运动员可采用立姿射击、跪姿射击技术进行训练和测试，评定标准见表 3-1。

表 3-1　射击测试标准

（单位：环）

等级标准	少儿组	少年乙组	少年甲组	青年组	评定方法
优秀	8	8	8	8	
良好	7	7	7	7	CS 自动步枪
合格	6	6	6	6	射击测试
不合格	< 6	< 6	< 6	< 6	

注：少儿组年龄≤10岁，少年乙组年龄11—13岁，少年甲组年龄14—16岁，青年组年龄17—20岁。

二、体能测试

以 V 形 15 米折返跑进行测试，运动员需在长 30 米、宽 16 米的指定区域里进行 V 形折返跑（见图 3-8），评定标准见表 3-2。

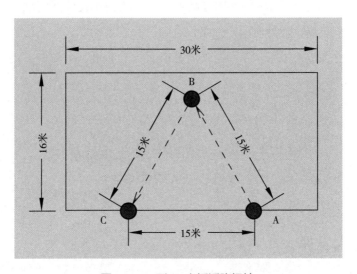

图 3-8　V 形 15 米折返跑场地

表3-2　V形15米折返跑测试标准

(单位：秒)

等级标准	少儿组（男）	少儿组（女）	少年乙组（男）	少年乙组（女）	少年甲组（男）	少年甲组（女）	青年组（男）	青年组（女）	评定方法
优秀	7.5	8.6	7.3	8.4	7.0	8.2	6.8	8.3	V形15米折返跑
良好	7.9	9.1	7.7	8.9	7.4	8.7	7.2	8.5	
合格	8.4	9.8	8.2	9.6	7.9	9.4	7.7	9.2	
不合格	>8.4	>9.8	>8.2	>9.6	>7.9	>9.4	>7.7	>9.2	

注：少儿组年龄≤10岁，少年乙组年龄11—13岁，少年甲组年龄14—16岁，青年组年龄17—20岁。

第四节　青少年国防体育冰雪丛林野战竞赛与裁判

一、竞赛组织

组织比赛需要进行以下工作：（1）发布竞赛规程。包含比赛时间、比赛地点、参赛资格、竞赛办法、交通食宿要求、保险等内容。（2）参赛选手以队为单位进行报名参赛。（3）进行赛程编排。（4）根据报名情况进行赛程编排，赛程编排要考虑比赛时间长度为几天，每天比赛的轮次，场地的数量。（5）聘请裁判，对竞赛工作进行裁决。（6）比赛。

二、竞赛裁判

（一）裁判设置及职责

比赛区

1.技术官员2人：负责本项比赛比赛的监督执行。

2.裁判长1人：比赛全局的掌控和裁判的统筹协调，技术官员的沟通。

3.主裁 2 人：（1）本场比赛裁判最高指挥者，裁定本场比赛的胜负，控制整场比赛公平、公正、客观、有序进行。（2）有权根据比赛规则，对每位参赛违规者进行惩罚。单场累计三次警告，取消本场参赛资格，个人累计警告三次，停赛一场。严重违规者，可根据违规情况判以局负，场负或者取消比赛资格。（3）赛场出现紧急情况或者突发事件，如人员受伤或发生冲突、暴风雪等恶劣气候、设备遇严重干扰或边裁报告比赛设备出现异常，由主裁决定是否开始或暂停比赛。（4）在比赛期间，任何人都不能干预主裁执裁，只有主裁才可以决定比赛是否结束，如果有参赛队员对比赛的结果有异议可向仲裁委员会申诉，主裁判不接受队员的口头质疑与意见。除非主裁判出现严重误判或者明显违背比赛公平公正的判罚，原则上仲裁委员会的决定不能违背主裁的判罚结果，但仲裁委员会有权利对该主裁的执裁能力写入评价报告，以便以后其他比赛组委会对该裁判的聘用。（5）确定比赛场地以及相关区域的布置，各功能区域要求连续贯通，互不干扰，而且尽量能够照顾工作人员，防止人员冻伤或过度疲劳。

4.副裁 2 人：（1）协助主裁顺利完成每一场比赛，为主裁判定提供相关比赛判定和有利胜负的参考意见及数据，有权根据比赛规则，有权提出警告，对违规者和积极进攻者第一时间提交主裁判。（2）检查等待进入比赛场地参赛队员的设备状态，包括设备的接收状态、编号设定、时间设定，以及参赛队员的设备穿着状态，穿着状态以对方队员无异议为标准。（3）维持比赛秩序，控制场边待赛队员与场外观众，防止他们有干扰比赛的行为。（4）监督参赛队队长在比赛结束后回到主裁处签字确认比赛成绩。

5.裁判员 16 人：（1）控制每场比赛，运动员的出发时间、地点，在出发底线上协助主裁，控制运动员违规情况，有权给予运动员警告，并及时向主裁报告。（2）检查参赛队员的状态，提醒他们观察红蓝队队别是否正确，比赛开始后，队员的设备是否正常，是否需要更换。（3）当设备出现异常及时通知主裁，由主裁决定是否暂停比赛，并如实反映当时的情况，协助主裁公平判定。（4）当遇到强电子干扰时，使用红外遥控器为参赛队员开启比赛设备，以保障比赛顺利进行。（5）协助主裁判发出比赛开始的命令，防止出现违规抢跑或作弊。(6)协助主裁与副裁核对赛场上阵亡队员的人数,以帮助比赛顺利进行。红蓝双方的出发底线为 A、B 两区,两条边线为 C、D 两区,队员出发后,边裁各负责一条边线。(7)监督赛后退场的队员关闭设备电源,以防止干扰下一次比赛的进行,对于不听从指挥者,边裁有权向主裁提出处罚建议,主裁可根据情节对该队员进行警告至判负的处罚。

6.记录员 2 人:负责比赛纪律、违规等记录、比赛成绩记录。

7.计时员 2 人:负责比赛时间记录。

8.视频裁判 2 人:负责比赛视频的录像、直播设备的正常运行。

检录区

1.检录裁判长 1 人:(1)核对把控进场队伍与对阵表的一致性,防止出现打错对手的失误。与装备裁判密切配合,控制比赛节奏。(2)检录运动员的号码布,有效身份证件,检查号码布是否与本人相对应,杜绝冒名顶替现象,并告知运动员前往指定的装备区领取设备。(3)通知参赛各队及时做好比赛前的报到,联络提醒未能及时到达的参赛队或弃权的参赛队,以便比赛顺利进行。(4)及时将退赛的队伍情况告知主裁,以便调整比赛的进行,防止出现空场情况。(5)控制比赛队员进场时间,和进场次序,保证比赛的正常进行,按照现有的比赛规则,场地边会准备三批比赛装备,所以建议检录裁判在比赛开始前检录三批队员,待比赛开始后,同时检录两批队员,做到人等装备,而非装备等人。(6)记录比赛的进程,在小组赛接近尾声时及时提醒总裁判安排晋级赛的赛程时间,小组赛完成后及时核实比赛成绩。

2.检录员 4 人(志愿者若干)。

装备区

1.装备裁判长 2 人:(1)赛前准备:a.至少在比赛开始的前一天抵达比赛场地,在与比赛同等温度下校对比赛枪械的精准度。b.检查设备的电源开关,扳机开关、枪栓开关、电话线接口与水晶头是否有故障。详情可参考设备检查细则。c.检查各种设备的技术参数,包括时间、生命、弹数、保护是否开启、单枪模式是否关闭、队员伤害是否开启。大遥控器与终点控制器也需要检查就绪。d.完成设备检查后对所有设备进行充电,确保比赛当天电量充足。

切记锂电氢电充电器不通用，不要混充。e.确定比赛期间的装备区位置，以及校枪的区域，校枪区域不能干扰比赛正常进行。f.在比赛开始前一小时抵达赛场，展开装备回收垫，将设备摆放就位，为主裁判准备好大遥控器与终点控制器。（2）赛事期间：a.组织队员猜边与队别颜色，队长背靠背猜拳，胜利方决定出发场地或队伍颜色，只能选择一个。b.指挥队员抽取装备号码签，队员抽中几号到几号位置提取装备，抽取设备不分红蓝队，只按照编号领取。c.根据运动员的上场编号分发运动员袖标或分队衫，协助运动员穿戴设备。d.运动员拿到比赛枪械后，扣住扳机开动枪械电源，当设备发出校枪声音后，抵达对码区，校对设备编号。校对完编号后，队员要站在对应位置等待其他队员，装备裁判检查该设备的编号与颜色是否正确。e.对码完成后，不要关闭设备电源，此时设备处于校枪状态，裁判协助运动员检查、校正枪械，为运动员更换故障设备，更换不得超过两次。f.上述工作完成后，监督运动员关闭设备电源，督促队长在设备确认单上签字。以防因设备问题而出现争议。g.如果比赛使用发烟装置，装备裁判需要指挥装备志愿者为设备安装发烟弹，并检查发烟弹的安装情况。（3）比赛结束后：回收比赛设备，归还设备时无须按照设备编号或组别摆放，只需要将设备放置到回收垫上，一把枪对应一个号，但要求枪口相对，显示窗朝上，显示窗朝上的目的是方便装备裁判及时发现未关闭的设备，防止干扰比赛场地的其他设备。

2.装备员2人（志愿者若干）。

待发区

工作人员1人，安检引导员2人（志愿者若干）：（1）运动员在设备确认单签字后，进入比赛待发区，此时设备必须处于关机状态，等待期间接受安全检查，防止参赛队员携带违禁物品。（2）由副裁负责开机为参赛队员检查设备接收状态和穿着状态，双方无异议后，等待进场。（3）在待发区的队员与赛场保持一定距离，以防止场地内比赛的队员将待赛队员误以为是对手，造成失误。如果有条件，将待赛队员统一安排在待赛休息区，待赛休息区需要有座位，以便队员休息，最好不要看到场内的比赛，这样可以有效减小队员的赛前紧张。（4）当场内比赛结束后，待赛区队员在统一命令下打开比赛设备的电源，切记，此时需要提醒队员设备开机时，不要扣扳机，不要拉枪栓，以防设备进入校枪或对码状态，状态正常后由安检员引导进入比赛场地。

成绩统计区

成绩统计裁判长 1 人，成绩统计助手 3 人（志愿者 1 人）：（1）记录每个参赛队、队员的比赛场次及比赛胜负、成绩、比分情况及名次排定。比分情况在循环赛中尤为重要，关系到各队的晋级，所以必须由专人负责，不得儿戏。（2）本场比赛结束后，监督两队队长签字确认成绩，以防成绩记录错误。（3）统计出出线队的下一轮比赛排序，并将成绩传递到检录区以便及时发布上墙，告知参赛各队及媒体。（4）及时算出小组赛的成绩与晋级名单，如果出现平局，是计算胜负关系还是加赛，需要参考领队会时的情况。

合计需要裁判 45 人，由于是在严寒的冬季比赛，考虑到实际情况，比赛中裁判员需要两班倒，以保证最佳的执裁效果，在实际比赛中要考虑需要后备裁判 5 人。

（二）裁判手势用语或旗语

1.比赛准备阶段的旗语

边裁旗帜（红色旗）向前（对手方向）旗帜斜下 45 度，意思是告知参赛队员背对场地，各就各位，准备比赛，如图 3-9 所示。

图 3-9　准备比赛

裁判长旗子（红色旗）指向天空，使用对讲机或者口中鸣哨提示，哨音为长鸣两声，意思是询问边裁参赛队员是否准备完毕，如图 3-10 所示。

图 3-10　参赛队员是否准备完毕?

边裁旗子（红色旗）向前（对手方向）90 度平举，意思是告知主裁参赛队员已经准备完毕，可以使用大遥控器开启设备，如图 3-11 所示。

图 3-11　准备完毕

主裁开启设备遥控器后，设备进入比赛状态，边裁询问队员设备是否正常，如果设备正常，参赛队员上弹试枪，设备正常队长抬手向上伸出大拇指，示意边裁设备正常，边裁将双色旗帜 90 度平举，意思是告知主裁参赛队员与设备全部就位，随时可以比赛，如图 3-12 所示。

图 3-12　可以比赛

主裁开启设备遥控器后，如果设备出现异常，参赛队队长抬手大拇指朝下或口头告知边裁，示意边裁设备故障，边裁将旗帜横举，意思是告知主裁参赛队员设备未就位，无法开始比赛，主裁关闭大遥控器，边裁检查设备情况，如图 3-13 所示。

图 3-13　有情况无法开始比赛

参赛队员在比赛开始前如果出现犯规、违纪或者意外情况，如抢跑，人员跌倒，边裁将旗帜横举双手平端，意思是告知主裁参赛队员情况异常，无法开始比赛，需要暂停比赛，如图 3-14 所示。

图 3-14　暂停比赛

主裁看到两侧边裁将旗帜指向天空，意思是参赛队员及设备已经准备完毕。主裁将指向天空的旗帜向前挥动，同时短鸣哨子一声，代表比赛开始。边裁在看到主裁旗语后同样挥动旗帜，比赛开始，如图 3-15 所示。

图 3-15　比赛开始

比赛结束时，主裁长短鸣哨子一声，代表比赛结束。主裁将旗帜向上交叉指向天空，代表双方队员需要到主裁处集合，集合完毕主裁宣布比赛结果，举起获胜方相同颜色的旗帜，如图 3-16、图 3-17、图 3-18 所示。

图 3-16 比赛结束

图 3-17 红方胜利

图 3-18 蓝方胜利

2. 比赛中的沟通旗语

当场地内出现队员违规时，如果副裁判或者边裁发现后，需要把这个信息传递给主裁时，首先将违规队员所在队颜色的旗帜朝上向天举起，转动旗帜，代表这个颜色的队员有违规动作，需要与主裁沟通，如图3-19、图3-20所示。

图 3-19　红方犯规　　　　　　　图 3-20　蓝方犯规

当主裁判发现副裁判或边裁发出的沟通信号时，平端相对应颜色的旗帜指向发出沟通信号的裁判，代表我已收到你的沟通信号，可以进行下一步沟通，如图3-21、图3-22所示。

图 3-22　确认红方有队员犯规　　　　图 3-21　确认蓝方有队员犯规

第 四 章

青少年国防体育冰雪冬季两项

　　冰雪冬季两项是全国青少年国防冰雪体育大赛的正式比赛项目。竞赛形式为首先在高山滑雪初级滑降线路上进行 500 米的滑降滑行，到达高山滑雪终点后进入靶场进行 20 米射击比赛。最终以运动员完成射击后的总完赛时间进行排序。

第一节　青少年国防体育冰雪
冬季两项装备与场地

一、冰雪冬季两项竞赛装备

（一）高山滑雪器材

1.滑雪板

　　按项目特点不同分为回转板、大回转板、全能用板和超级大回转板（见图 4-1）。一般来说，对回转技术要求越高的项目滑雪板就越短。大众滑雪板分初学者板、中级板和高级板；按性别或年龄分男女士板或成人儿童板。

图 4-1　全能用滑雪板

脱落器是雪板上用于固定雪鞋与雪板的固定装置（见图 4-2）。一般竞技用脱落器强度的刻度（强度值）分为 3—16，大众用脱落器强度值分为 1—8 和 1—10。脱落器脱落值的强度设定方法有很多种，既有单纯根据体重设定的方法，也有根据胫骨长度设定的方法。脱落器脱落强度值是根据滑雪者的身高、体重、年龄、雪鞋鞋底尺寸和滑雪者的滑雪水平综合设定的。

图 4-2　脱落器

2.滑雪鞋

高山滑雪鞋（见图 4-3）对脚和踝关节有固定、保护、保暖、缓冲等作用。高山滑雪鞋由内、外两层组成。外层从鞋面到鞋底铸造得很坚固，上面有调整松紧和前倾角度的若干个卡子；内层有化纤织物等松软的保暖材料组成的内靴，雪鞋要合脚。

图 4-3　高山滑雪鞋

3.滑雪杖

滑雪杖（见图 4-4）由杆部、握柄、握革带、杖尖和雪轮组成。主要分为大众滑雪杖和竞技滑雪杖，其作用是滑雪时用来引导变向、支撑加速和控制平衡等。现代雪杖是用铝合金或玻璃钢制成的。

图 4-4　滑雪杖

4.滑雪服

滑雪服（见图 4-5）一般分为竞技滑雪服和大众滑雪服。这两类滑雪服装都具有保暖、防风、防水、吸汗、耐磨、透气等多种功能。其中大众滑雪服主要以舒适、美观、实用性为主；竞技滑雪服根据不同项目设计，以轻便、安全、减少空气阻力为主，更注重比赛成绩的提高。

91

图 4-5　滑雪服

5. 滑雪头盔

滑雪头盔（见图 4-6）由硬塑模压制成。盔里的保温层富有弹性，整个头盔呈流线型，比较轻便，不影响视野。头盔的作用是在比赛中运动员摔倒时保护运动员头部。规则要求在速降和超级大回转比赛中运动员必须佩戴头盔，并且在回转和大回转比赛中也要经常佩戴。

图 4-6　滑雪头盔

6. 滑雪手套

滑雪手套（见图 4-7）有保暖、防水、保护手的功能。比赛和训练中通过旗门或摔倒时，可以防止手部碰到旗杆或雪板而受伤。

图 4-7 滑雪手套

7. 滑雪镜

滑雪镜也叫风镜（见图 4-8），现在的滑雪镜由过去的单层发展为双层，不仅可以防风、防止太阳光照射对眼睛的伤害和防雪盲，而且可以自动除霜，具有安全、舒适、视野清晰等特点。

图 4-8 滑雪镜

（二）激光枪

竞赛器材由激光发射枪、激光接收系统（头盔及背心）、无线系统遥控器等组成。采用激光、计算机、无线通信等技术，以发射红外激光代替发射实弹。采用光线发射原理，由于打出的是不可见光，因而不会对人体有任何伤害。激光枪发射时，有模拟枪声。在无遮挡的情况下，有效射程在 400 米左右。

二、冰雪冬季两项竞赛场地

竞赛场地设置：（1）高山滑雪初级雪道上设置滑降线路 500 米的雪道；（2）激光枪 20 米立射的起倒靶位靶场。

第二节　青少年国防体育冰雪冬季两项训练方法

一、冬季两项训练体系

1.身体运动功能训练

功能性训练是改善运动员身体运动功能的有效手段，功能性训练使越野滑雪运动员的下肢力量素质、上肢力量素质、核心力量素质等得到明显提高。从运动的经济性出发，功能性训练注重训练动作模式，提高滑雪运动员的弱侧肌肉群，使滑雪运动员的身体得到均衡性发展。由于冬季两项中越野滑雪阶段所用时间占比较高，开展功能性训练对提高运动员运动表现，进而提升运动成绩具有重要意义。

2.基础体能训练

基础体能训练是指提高运动员基本运动素质的训练，它包括耐力、速度、力量等基本素质，是竞技能力的重要构成因素。

（1）耐力素质的提升

耐力素质训练是冬季两项运动员体能训练的核心内容。在耐力素质训练的相关实践研究中，间歇训练法提及较多，其通过严格控制间歇时间和训练强度，进行反复多组的训练，在实践中被证明具有良好的效果。高住低练是有效提高耐力素质的训练方法，高住低练的训练过程对于提高越野滑雪运动员的最大摄氧量作用明显，但需要探讨何种训练强度的训练对于提升运动员运动成绩效益最大。

耐力训练的关键在于负荷量和负荷强度的控制，以免运动员出现疲劳和运动损伤。此外，冬季项目开展的季节性特征、冰雪场地的季节性特征使冬季项目的训练存在明显的差异，在夏训期间应加强基础体能训练，尤其是耐力训练。

（2）速度素质的提升

国际级冬季两项男女运动员的平均滑雪速度为 7.01—7.38 米／秒、

5.90—6.33 米 / 秒。运动员的平均滑雪速度在不同地形和不同时间段存在差异，因此，在速度训练中应系统地安排不同地形的滑雪或滑轮训练，对运动员速度素质的提升和竞技状态的形成，有事半功倍的效果。通过测试运动员进行 20—50 米直道上坡滑雪中的最大速度与加速度，以此来评定运动员的加速能力，并发现运动员在发挥最大速度与加速度中存在的问题，以及完善运动员的加速技巧。采用短时（30 秒）间歇式进行直道滑雪冲刺 30—50 米的运动形式，对运动员在无氧糖酵解系统供能条件下的速度能力体现出较高要求。

（3）力量素质的提升

在滑雪过程中，为维持较快的滑雪速度，运动员的肢体肌肉不断地收缩舒张重复完成滑雪技术动作。冬季两项运动员完成一场越野滑雪比赛的总时间约为 18—45 分钟，从而表现出较好的动力性力量耐力。而在射击过程中，运动员的肌肉以等长收缩的收缩形态来控制肢体的抖动和枪支的晃动幅度，这就要求运动员应具备较好的静力性力量耐力。

在冬季两项运动中，滑雪阶段竞技过程主要体现的是运动员的核心力量以及上肢撑杖的快速力量和下肢蹬滑的爆发力。运动员四肢骨骼肌力量随着滑行过程周期性循环运动产生疲劳积累，使肌肉功能下降，机械功率输出减少。因此，在不同训练阶段，四肢骨骼肌力量及无氧运动能力训练应成为训练计划的重要组成部分。目前对于提升运动员核心力量、四肢爆发力的方法较多，如快速伸缩复合练习、跳箱练习以及弹力带抗阻练习等。

3. 专项体能训练

专项体能训练是指根据专项运动的需求，采用与专项高度相关的能量代谢、运动模式以及肌肉需求的方式进行体能训练。与基础体能训练不同，专项体能训练主要体现出高度的专项化和不全面。

冬季两项运动员的专项体能训练，首先要提高运动员的有氧供能能力，可以进行超过运动员专项距离的滑雪、不同地形的滑雪练习。其次应采取高强度间歇训练，如以较短的间歇时间进行 N 组 30—50 米的撑杖爬坡或不撑杖爬坡练习。

二、冬季两项技术训练要点

(一) 滑雪技术

冬季两项的滑行技术源自越野滑雪,越野滑雪的滑行技术按引入时间不同分为传统滑行(Classical Technique)与自由滑行(Skating Technique),但冬季两项比赛中运动员仅采用自由滑行技术及其分技术(2挡—4挡滑行:Gear2-4,G2-G4),以适应速度及滑雪场地中地形不断变化的需要。自由滑行技术的特点是雪板不受雪槽限制,运动员利用身体重心的左右摆动来增加蹬动力,可自由方向滑行且无脱滑现象,故采用该技术可提高运动员的滑行速度。

冬季两项的越野滑雪赛道由约1/3的上坡、1/3的平地和1/3的下坡组成。低挡位(G2)滑行技术即单支撑的(摆动腿)蹬冰滑行技术,仅用于较陡的上坡段,中挡位(G3)滑行技术即两步蹬冰同时推进滑行技术,多用于中等上坡段,高挡位(G4)滑行技术即一步蹬冰同时推进滑行技术,主要用于平坦地形和下坡段。研究发现,运动员在1500米的短距离赛中要快速转换分技术30余次,在更长距离的比赛中则需转换数百次,而运动员在上坡段的耗时往往占全部竞赛耗时的50%左右,故G2—G4分滑行技术中,用于上坡段的G2和G3技术对运动员成绩最重要,需重点掌握。

运动员对不同滑行技术的选择不仅要针对不同的地形条件,也要针对不同的速度变化。自引入自由滑行技术以来,冬季两项比赛的滑行速度已大幅提高,当今世界杯短距离赛排名前10的男、女运动员平均滑行速度分别高达7.2米/秒和6.3米/秒,若再加上比赛地海拔高度、赛道坡度、风速、雪质等因素的影响,则最高滑行速度还有近10%的提升空间,故比赛中运动员需根据速度的变化选择相应的分技术,速度越高,滑行技术挡位越高,反之亦然。

(二) 射击技术

冬季两项各竞赛小项中,运动员以站姿或卧姿完成一轮射击的平均时间为 25—30 秒，包括准备（10—15 秒：占位）、射击（10—15 秒：瞄准和射击）和离开（3—5 秒）三个阶段，技术上包括瞄准、保持最佳身体姿态、击发三个部分。研究发现，优秀运动员仅需 2 秒的瞄准时间，故姿势的平衡和稳定程度是决定其射击表现的最大变量，这要求运动员每次射击时均处于适当的相同位置，姿势平衡、持枪稳定性、肩膀发力、击发等对此影响显著。

1. 姿势平衡。文献研究表明冬季两项运动员站姿射击时姿势平衡与射击准度的相关系数为 −0.29—0.45，优秀运动员的姿势平衡远高于非优秀运动员，其身体摆动更少，持枪稳定性更好，射击准度也更高。运动员的身体摆动与所处状态显著相关，自由安静站立时身体摆动最少，持枪瞄准时身体摆动显著增多，且越到比赛后程摆动越明显，表明运动强度和机体疲劳对姿势平衡有负面作用。研究还发现，采用某种特定站姿更利于运动员保持姿势平衡：当运动员与弹道保持 15 度夹角站立时射击表现最佳。采用前后向站姿的摆动频率约为中外侧向站姿时的 2 倍，究其原因，与该站姿更易导致运动员肌肉疲劳，增加踝关节活动有关。据统计，站姿及瞄准时垂直方向的摆动幅度可影响 26% 的射击成绩变化，故比赛中应尽量采用中外侧向站姿以改善姿势的平衡。

2. 持枪稳定性、肩膀发力与击发技术特征。除姿势平衡外，持枪稳定性是另一个影响运动员瞄准及射击准度的重要因素，与射击成绩直接相关，并与肩膀发力和击发动作彼此作用、相互影响。当前，冬季两项运动员普遍采用置枪托于肩上并保持肘屈肌等距支撑的姿势持枪，故步枪与肩部之间的最优距离与紧密接触对维持持枪稳定性起决定作用。研究表明，高水平运动员无论垂直方向还是水平方向，持枪稳定性都高于其他运动员，无负荷下的站姿射击击发力度也更大。已知运动员持枪时垂直方向的摆动及击发的利落度是决定其射击表现的最重要因素，而步枪水平方向的稳定性主要由肩部与枪托间的紧密程度决定，垂直方向的稳定性与双手持枪力度相关，持枪力度与高频震颤的传播呈正相关，且前后向站姿中的重心错位可导致运动员持枪时垂直方向的摆动，故运动员站姿射击时的持枪特征应为：保持中外侧向站姿；肩上夹紧枪托；较轻的双手持枪力度。研究还发现，击发技术与卧姿时的持枪稳定性中度相关，即卧姿射击时击发力度越大、速度越快，持枪稳定性就越好，射击准度也越高，故训练和比赛中也应对此予以关注。

三、冬季两项技术训练方法

（一）滑雪技术

1.穿脱高山雪鞋

动作要领：打开鞋勒及鞋面上的卡扣，穿上鞋后，脚跟着地用力踩实，从鞋面前部开始依次扣紧卡扣，松紧度适中，扣紧后踝关节只能进行微小的运动。

方法要求：滑雪鞋的选择要使人感到舒适合脚，脚趾在鞋中能活动自如，但脚掌、脚背、脚弓、脚跟被紧紧地裹住，外壳上的卡扣要卡得恰到好处，使踝关节可以向前屈膝，这样才能控制滑雪板和滑雪速度。初学者应选择轻便、灵活、富有弹性的滑雪鞋，它的可操纵余地较大。技术好的滑雪者，可选择能将脚与滑雪鞋紧紧连为一体的滑雪鞋，从而使滑雪者任何一点微小的重力变化都能通过滑雪鞋传递到滑雪板上，以提高滑雪者对滑行姿态的控制能力。运动员应多加练习直到熟练。

2.穿脱雪板与拿放

动作要领：两雪板相距 20 厘米或 30 厘米平行放于地面，脱离器后压板抬起，清除雪鞋底部的雪，前鞋尖对正靠准前部固定器后，将后脚跟对正后部压板并用力踩下，雪杖协助支撑平衡固定另一只雪板。板底相对合实，双手抱于胸前或扛在肩上。

方法要求：对于直板初学者多选用高于身高 10—15 厘米的雪板，高级者和选手选用更长的雪板。因为越长的滑雪板滑雪速度越快，稳定性也相对更高，因此技术高的滑雪者喜欢选用更长的滑雪板，以此得到滑行的稳定性。在山坡上固定时应把两雪板横对斜坡放置，先固定下侧的雪板再固定上侧的雪板。穿板时鞋尖与固定器未对准进行下压，容易造成身体失衡，运动员应先在平坦地面多加练习直到熟练。

3.滑行基本姿势

动作要领：双脚开立与肩同宽，含胸收腹，两膝向前微曲，目视前方，雪杖放在身体两侧。

方法要求：双腿用力均匀，双膝前顶、有弹性地调整姿势。收腹挺胸，目视前方，平地练习基本滑行姿势。

4.着单只板练习

动作要领：一只脚穿雪鞋，另一只脚穿雪板，通过穿雪鞋脚的蹬动，穿雪板脚支撑向前滑进。

方法要求：身体放松自然站立，保持平衡。体会雪鞋和雪板着雪的感觉，提高支撑平衡能力。

5.双板同时推进

动作要领：两只手臂同时用力支撑雪杖，两雪板位置平行并与肩同宽，膝关节尽量向前曲，腹部收紧，腰背挺直，目视前方。

方法要求：体会雪板在雪面上行进的感觉。目视前方，双手尽量同时用力，雪杖位置在雪鞋前。选择平坦宽阔的雪地设置四个定点，环绕障碍物进行练习。

6.八字蹬坡

动作要领：用于缓坡及中坡、中缓坡面的直线蹬坡，正对坡面，将雪板侧八字形分开，用内刃蹬行，蹬行时左右雪板交替迈步。

方法要求：蹬坡时控制内刃的立刃角度。选择平缓宽阔的坡面，学员排成两列队伍进行蹬坡练习。

7.摔倒及站起的方法

动作要领：摔倒时尽可能丢掉雪杖，以免雪杖伤及身体。不要刻意去挣扎，顺势摔倒，与人相碰撞时尽量用身体侧面碰撞，不要用手或头碰撞对方，避免受伤。站起时，将雪板平行横向坡面，左右手支撑在臀部的侧前方，收紧腹部，利用手臂的支撑将身体支撑起站立。

方法要求：摔倒后防止滚动。摔倒后如果有一侧雪板没有脱落时，可以用雪板上侧板的外刃刻住雪面。选择平缓坡面，学员面对面两排站好，教练中间演示动作。

8. 犁式停止法

动作要领：打开板尾呈八字形，弯曲腰和膝部。要想获得滑行中的制动，应缩短动作，加大八字角度，利用双板对雪的摩擦来达到停止的目的。

方法要求：双腿用力均匀。首先选择平坦宽阔的场地进行动作要领的练习，然后蹬坡到平缓坡面进行停止法练习，逐渐增加高度。

9. 直滑降技术

动作要领：按照基本滑行姿势沿滚落线直线下滑。

方法要求：掌握平行直滑降的基本姿态，双板的形态，控制重心位置，防止重心落后。

10. 犁式滑降技术

动作要领：以双板前尖为假想圆心，双雪板为半径，双脚拇指根部球状处为着力点，双脚跟同时向外转，将双雪板后部同时边推开边立内刃，板形呈犁状，板尖相距约 10 厘米，双雪板与其后端的连线几乎成等腰三角形。双膝稍屈并略有内扣，双腿与雪面几乎也成等腰三角形的动作为犁式动作，保持犁式动作直线下滑。

方法要求：掌握犁式直滑降的基本姿态，重心位置稍靠前，上体保持放松。从低坡度逐渐到高坡度进行练习方法，教练讲解示范，纠正错误动作。学员两列纵队每次 1 人向下滑行，待前面人完全停止离开滑道后，方可进行后面学员的练习。

11. 犁式转弯技术

动作要领：在犁式滑降姿势的基础上将身体重心逐渐向一侧板上移动，保持雪板犁式板形不变，进入转弯。保持外侧板加压直至进入转弯控制阶段，提起重心并逐渐移动回到中间位置。

方法要求：强化一只雪板的蹬转力，使该雪板形成棱角，变为主动板。

12. 半犁式转弯技术

动作要领：雪板呈八字形进行转弯，进入转弯后逐渐旋转内侧板使雪板在出弯阶段处于平行状态。

方法要求：减少脱滑以提高转弯质量。

13. 双板平行转弯技术

动作要领：转弯过程中双板始终处于平行状态，进入转弯前提起重心，双腿同时旋转，使双板在雪面上转动进入转弯，身体重心逐渐下压，转弯达到最大弧度后，身体重心逐渐提起回到基本站姿。

方法要求：排除受转换动作的拘束和熟悉转弯方向安定性和可变性的影响。

（二）射击技术

1. 射击操作环节

运动员从进入射击区到离开整个技术操作环节包括三步。技术操作环节结束后，运动员马上离开射击区。任何接近射击场时的技术或节奏改变都可能会对比赛结果产生决定性影响。因此，进入射击位置快速完成射击动作准备、射击迅速和高命中率、射击完毕快速离开射击场，是巩固和提高冬季两项成绩的增效剂。

针对射击竞技表现的训练应以射击精度、射击时间和射击区域停留时间为目标开展。射击精度可遵循"冬季两项射击金字塔"原则，首先以独立的模块训练射击姿势、瞄准和呼吸、击发三个部分，当熟练掌握所需技能后，将射击技术的组成部分有效结合进行训练。尽管冬季两项运动没有限制射击和射击区域停留时间，但通常认为射击时间和射击区域停留时间越短，射击精度越高，竞技表现越好。

2. 射击姿势

（1）站立式

站立射击的姿势变化受脚掌与脚跟、双腿之间的运动、身体角度的变化以及肌肉张力影响，射击准确度受运动强度、持枪稳定性、射击姿势、心理变化、外界干扰等因素影响。因此，站立式射击训练需要强化体位平衡、最佳站立姿势、步枪稳定性和扣动扳机时机把握。其中，运动强度对站立式射击准确度有显著影响，特别是对站立式射击时的持枪稳定性影响更大。扳机击发瞬间身体的微小变化都会引起枪口较大幅度波动，枪口在扳机击发时的移动必须小于1毫米才能确保成功击中目标。为了提高射击的稳定性，参与射击姿势的肌肉组织张力应尽可能最小，并能够熟练地调整肢体、韧带、肌腱和骨骼来稳固步枪。

（2）俯卧式

俯卧式射击在瞄准阶段的主要任务是控制步枪在垂直方向的运动，上体躯干与射向的投影夹角以10—15度为宜，右枪口在扳机击发时的移动必须小于0.4毫米才能确保成功击中目标。由于运动强度对俯卧射击准确性影响较小，因此运动员在进入到俯卧式射击前没有必要刻意降低滑雪速度，应继续保持滑雪速度进入射击场以维持运动表现。俯卧式射击时，要求枪托与肩膀之间紧密贴合，使力量分布在整个枪托上，这是俯卧式射击与站立式射击之间最大的区别。

3. 射击竞技表现

首先，对竞技能力较强且稳定的运动员，增加越野滑雪和射击项目转换模拟训练（运动负荷状态下）的比重，适当减少安静状态下的射击训练；对竞技能力较低且不稳定的运动员则相反。其次，通过调整个人射击姿态习惯，加强腰部肌肉韧带强度训练，加强肘部屈肌、肩部三角肌的力量耐力，进一步减少腰部损伤发生概率，提高运动员的姿势稳定性。增加运动员红肌纤维的训练，以提升红肌纤维比例，进一步改善肌肉抗疲劳能力。再次，强化以功能为目标的专项平衡训练，增加运动员协调性、力量、运动范围和对本体感受需求作出反应的能力，进而提升整体竞技表现。最后，建议科研人员通过生物力学从侧、前、后3个角度帮助运动员加强步枪稳定性，使教练员指导运动员找到适合个人习惯的最佳射击姿势，同时以肩部力量为切入点进行深入研究，以助力运动员找到最佳步枪枪托长度和形状，进一步提升运动员射击竞技表现。

在射击训练中，科研人员应密切监控运动员安静脑电位、心率变异性等指标的周期性变化，加强以目标策略为基础的注意力训练，建议运动员在射击时减少瞄准过程中的认知参与，专注于与射击任务有关的关键生理心理及感知觉信息。射击前运动员心血管负荷的增加，会影响视觉控制和心理调节，建议增加呼吸控制练习以调整由于心肌收缩而引起的身体晃动，从而找到运动负荷下射击的最佳时机，同时辅之生物反馈训练、呼吸训练等方法，以提升运动员副交感神经激活效率。

气候环境不佳，在一定程度会增加运动员射击区域停留时间和射击时间，进而影响射击精度。建议在训练中，教练员根据不同气候条件提前规划，以提高由于低温造成的枪械、机体神经肌肉等突发问题的迅速应对能力，进一步适应不同气候条件下的射击，尽可能降低气候条件对射击竞技表现的影响。

四、冬季两项技术训练策略

现代竞技体育训练中的一个显著特征就是采用竞赛策略（或称"以赛代练"），以提升运动员不同环境条件下的适应能力。竞赛被用来训练运动员的备战能力，是补充常规训练的有效办法，不但可以提升运动员的参赛经验，还可以有效提高训练强度。然而，冬季两项的竞赛周期具有明显的季节特征，时间相对集中，这就需要教练员和运动员做好充分的竞赛前准备工作，使最佳竞技状态能在竞赛中表现出来。

考虑到冬季两项各比赛场地不一致，教练员应提前规划，在比赛前，运动员应进行至少 1 次模拟比赛条件（路线、地形及气候）的测试，评估对参赛场地条件的适应能力，并以此作为赛前训练方案的参考，要求运动员根据不同地形和速度选择相符合的精细化技术动作。运动员应在训练中掌握撑杖频率和周期的速度时机，形成个性化技术动作风格特征。

如果在训练和比赛前出现气候突变，导致雪温骤降，滑雪板与雪面摩擦力增大，造成运动员滑行速度减慢，运动员会产生不良肌肉代偿动作，增加受伤风险，因此需要运动员提前充分适应比赛场地的气候和雪面情况。教练员和打蜡师也要考虑不同气温与雪温等因素的影响，完善运动员个性化装备适配，优化滑雪板蜡块选择和调整打蜡策略。对于冬季两项运动员射击成绩的提高，针对性地提出以下策略。

1.加强训练量的积累提升身体疲劳状态下射击能力。没有训练量的累积很难在比赛中获胜，在负荷条件下进行大量的精确射击训练，可以为在身体疲劳的情况下成功射击打下坚实的基础，是有效训练策略的重要组成部分。

2.提升注意力与射击专注度。冬季两项运动员必须具有良好的身体感知和自我调节能力，以预判最佳射击时间点，这个时间点与心动周期和击发前持续增加的压力有较大关系。提高注意力技能和接受痛苦刺激可以减少压力、提升认知表现、减少情感反应。射击时，运动员要专注于射击过程本身，减少瞄准过程中的认知参与，加强以目标策略为基础的注意力训练，直到最后一刻收枪离开射击场。在比赛中，运动员的注意力很可能因意外、潜在的抑制成绩经历（如消极的想法、害怕失败或失败）而下降，可通过正念技能训练提高注意力，"针穿纸孔"训练提高视觉追踪、手眼协调能力，进而提高运动员的感知认知能力。

3.计时瞄准策略。随着射击各环节的不断优化，优秀运动员从进入射击场地到离开场地的整个射击过程时间在大大缩短。所以，运动员要尽量减少在射击场上花费的时间。计时瞄准策略要求尽量控制步枪移向瞄准点，在击发前降低移动速度，减少在瞄准点附近的移动，并在接近瞄准点时击发，以便能够更快地完成射击。由于冬季两项比赛的射击时间计算在比赛成绩中，时间压力较大，因此，多数运动员会选择此策略。训练中要有意识地优化运动员的每发射击行为，建立对射击技术身心要求的正确认识，形成射击行为后一环射击的有效性，从而保证连续射击状态的稳定，避免以"急"为"快"，做到以"稳"求"快"。同时，加强运动员神经系统对手指多关节疲劳状态时击发行为的精细控制能力和多关节运动协调性，以提升击发行为的稳定性与连续性。

4.持枪稳定性提升策略。脑慢波电位提供了有关瞄准和运动过程之间最佳平衡信息，射击前脑慢波电位逐渐下降，这种现象可以通过持枪稳定性的提升予以强化。持枪稳定性训练多采用抗干扰训练方法，以提高运动员本体感觉和神经适应，例如，通过光学分析仪训练来提升快速准备射击姿势和执行射击行为。另外，专门的握持和放松训练手段也可以提高持枪稳定性。在越野滑雪过程中，运动员上肢肌群参与运动的比例需维持在10%—30%，这既有利于增加有氧运动能力，又可以降低上肢以及全身的疲劳感，对于有效控制长时间滑雪后进行射击时的稳定性具有积极意义。因此，肩部和肘部肌肉的专项力量训练需要教练员和体能教练重点关注。此外，生物力学测量与反馈方法可以控制运动员的持枪稳定性，比如在俯卧射击时控制步枪垂直运动，针对站立射击表现差的运动员控制身体摇摆和核心稳定性。生物力学反馈可以提高高水平运动员对枪管稳定性的控制。因此，射击训练中，应用生物力学反馈训练已成为提升射击稳定性的重要手段。

5.射击准确性提升策略。射击前后一个很小范围的枪口波动都能对射击性能产生重要影响，让运动员充分了解决定射击准确性的因素非常重要，消除观察到的竞争对手所犯的指示性错误将有助于提升其本人的射击成绩。

6.技术水平的高低直接取决于射击的质量，而射击质量又取决于参加竞赛射击数量。射击训练不足的运动员在参加比赛时射击质量低是必然的，因为在竞赛环境下各种不可预知的和之前训练没有遇到过的情况将会显现。例如：射击速度、地面情况、海拔高度、射击场的风向、风速、光线、气温、雪温、场地人员的干扰、取胜的欲望、情绪化高等，经验不足的运动员难以应对或作出合理调整，就会对射击的表现产生不利影响。随着运动员参加竞赛过程中射击数量的增加，参赛的适应性提高，运动员的射击稳定性和准确性也将得到极大提升。因此，优秀的冬季两项运动员经过漫长的准备期训练后，在备战期就要开始有计划、有选择性地参加国内和国际赛事。

7.射击场协调处理策略。射击场协调处理能力涉及呼吸节奏、肢体运动频率、接近教练的策略、离开场地节奏、根据地面条件改变滑雪节奏、雪质和环境等方面，主要体现在运动员对射击动作的呼吸控制、动态平衡、人与步枪的协调能力以及注意力集中于靶区的空间视觉控制能力等，在训练中要注意调姿、调息和调意。运动协调质量取决于个人体能和处理长时间比赛疲劳的能力，这就需要加强专项耐力训练和抗疲劳能力训练。呼吸技术的质量取决于每发射击间隔的均匀性、平稳的节奏（吸气、呼气和呼吸暂停之间的连续性）以及与其他技术要素之间的协调，是感觉调节水平的重要组成部分。增加呼吸控制能力训练，同时辅之生物反馈训练可改善因心肌收缩而引起的身体晃动，有利于快速找到运动负荷下射击的最佳时机，提升副交感神经激活效率。射击命中率受呼吸暂停间隔时间和射击节奏的影响，射击间隔时间与运动员的射击训练水平和习惯有很大关系，每次射击间隔 4—6 秒(最短为 2.5 秒)，每次射击前呼吸暂停 1.5—2.5 秒为最佳。

第三节　青少年国防体育冰雪冬季两项训练水平评定

运动员可以通过 CS 自动步枪进行射击测试，射击测试标准参见第三章第三节表 3-1。

教练员还可安排立定跳远测试，以评定冬季两项运动员训练水平，立定跳远测试标准见表 4-1。运动员在立定跳远测试时，两脚分开与肩同宽，站立在起跳线后。做预摆动作时足跟微提起，两臂放松自然上举，起跳开始时提气，足跟提起，两腿伸直，起跳时快速屈膝降低重心，上体前倾，两臂迅速后摆并快速向前上方摆动，同时大腿、小腿、踝关节依次快速发力，充分蹬伸，起跳腾空后，充分地展体，快速收腹举腿，双臂用力向后方摆动，迅速屈膝收腹，落地缓冲，完成技术动作。

表 4-1　立定跳远测试标准

（单位：厘米）

等级标准	少儿组（男）	少儿组（女）	少年乙组（男）	少年乙组（女）	少年甲组（男）	少年甲组（女）	青年组（男）	青年组（女）	评定方法
优秀	170	165	221	178	243	192	250	195	立定跳远测试
良好	161	157	213	172	236	182	240	188	

续表

等级标准	少儿组（男）	少儿组（女）	少年乙组（男）	少年乙组（女）	少年甲组（男）	少年甲组（女）	青年组（男）	青年组（女）	评定方法
合格	156	150	200	167	227	175	230	180	立定跳远测试
不合格	＜156	＜150	＜200	＜167	＜227	＜175	＜230	＜180	

注：少儿组年龄≤10岁，少年乙组年龄11—13岁，少年甲组年龄14—16岁，青年组年龄17—20岁。

第四节　青少年国防体育冰雪冬季两项竞赛与裁判

一、竞赛组织

国防体育冬季两项赛由滑雪和射击组成，比赛设少年乙组（15岁以下）和少年甲组（15—18岁），参赛队组队参赛。

滑雪比赛采用国家体育总局审定的最新《滑雪竞赛规则》，其中滑行距离500米，在雪道上设置3个旗门。比赛时，每组参赛运动员以2分钟间隔依次出发，速降绕过3个旗门（每位运动员均为一次滑行），滑行至终点射击区位置进行射击。射击区设置3个靶位，射击距离20米。参赛运动员射击时每人击发3次，射击姿势为立射。

比赛以滑雪速降时间加上射击完成时间为最终有效成绩，比赛中每错失一个射击目标，在该名运动员总时间上加罚1秒钟。运动员滑行中漏旗门一个在该名运动员总时间上加罚3秒，每队运动员如弃权，滑雪技能达不到参赛要求的在该参赛队总时间上加罚5秒，参赛队总成绩相同时每队选派两名运动员进行射击比试，决出最终名次。比赛计个人和团体两项成绩，团体比赛成绩为每队5名运动员成绩的总和决出最终成绩，当个人或团体成绩相等，则名次并列。

二、竞赛裁判

(一) 裁判设置及数量

竞赛中的裁判人员设置共计 53 人，其中：技术代表 1 人；竞赛长 1 人；竞赛长助理 1 人；竞赛秘书 1 人；计时员 6 人；起终点长 1 人；起点裁判员 2 人；终点裁判员 6 人；发令员 1 人；助理发令员 3 人；线路设计裁判员 2 人；旗门裁判员 12 人；线路平整员 6 人；靶场裁判员 8 人；宣告员 2 人。

(二) 裁判手势及旗语

冰雪冬季两项竞赛裁判手势及旗语与冰雪丛林野战相同，因比赛设有起点裁判员与终点裁判员，二者沟通旗语如图 4-9 所示。

图 4-9　收到联络信号

终点裁判员持旗手臂在体侧向斜上方 45 度角举起蓝旗发出竞赛联络信号，表示收到起点联络信号。同样，起点裁判员持旗手臂在体侧向斜上方 45 度角举起蓝旗发出竞赛联络信号，表示收到终点裁判员联络信号。

第 五 章

青少年国防体育冰雪排雷

　　青少年国防体育冰雪排雷赛是一项集技术性、趣味性、协作性、观赏性、健身性、娱乐性和竞技性为一体的冬季体育项目，具有很高健身价值与观赏价值，比赛中运动员要抵抗严寒、团结协作、制定战术、运用技术并最终取得胜利。在冬季冰雪严寒的自然环境条件下，培养队员不畏寒冷、吃苦耐劳、团结协作的意志品质，以及团队荣誉感和良好的竞争与合作意识。

　　冰雪排雷是由现代体育项目——冰壶演变而来，早期的冰壶就是在冰冻的湖面和池塘上进行比赛，随着冰雪运动项目的普及和多样化，冰雪排雷赛成为人们在寒冷的冬季一个愉快的运动方式。冰雪排雷赛参照冰壶比赛的场地设置、战术特色和运动特点，将冰壶假想为反坦克地雷，沿用冰壶运动的记分方式，比赛规则在参考冰壶规则的基础上，根据实际情况进行了调整。

　　冰雪排雷赛根据参赛人员组成不同可以分为男子、女子、男女混合等。根据年龄不同可以分为少年组和青年组。

第一节　青少年国防体育冰雪排雷装备与场地

一、冰雪排雷器材

（一）冰壶雷

最初使用冰壶作为排雷中的"雷"（见图5-1），在进一步的发展中使用专有器材石制"冰壶雷"（见图5-2）作为比赛器材。

图5-1　冰壶

图5-2　石制冰壶雷

冰壶雷为圆形，周长不超过900毫米，高度不低于114毫米，重量上少年组为11.8千克，青年组为13千克，手柄用不同颜色区分(至少两种颜色)，每队一组通常有5—8个冰壶雷。

（二）冰雪排雷鞋

冰雪排雷鞋分为滑行鞋和蹬冰鞋。滑行鞋的鞋底是由滑度很高的塑料材料制成。而蹬冰鞋底则由冰面上不易滑动的胶质材料制成。其鞋底形状一般为皱纹和穴状。滑行鞋穿在支撑脚上，蹬冰鞋则穿在蹬冰脚上（见图 5-3）。

图 5-3　冰雪排雷鞋

防滑鞋套是套在滑行鞋上的防滑工具（见图 5-4）。

脚趾部分呈环形，　　内置的锁定装置，
扣住鞋头　　　　　　与鞋相扣

底面纹理，增大摩擦力

图 5-4　防滑鞋套

（三）稳定器

冰雪排雷稳定器的作用是在排雷阶段用来稳定身体平衡，这样能提高运动员的稳定性，使运动员能更加准确地进行排雷（见图 5-5）。

图 5-5　排雷滑行稳定器

二、冰雪排雷场地

（一）冰雪排雷场地

赛道两条端线内沿之间的长度是24米。赛道两条边线内沿之间的最大宽度是4.75米。整个区域被线划分开，或用分隔板隔开（见图5-6）。

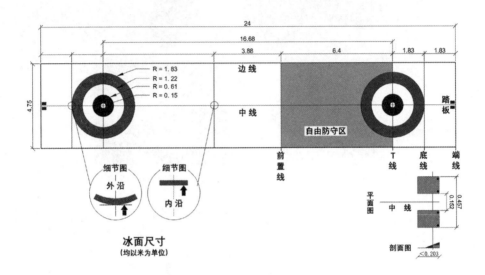

图5-6 冰雪排雷场地

在赛道的两端，在场地上有几条清晰可见的平行线，从一端至另一端依次为：（1）T线，最大宽度1.27厘米，其中心点距赛道中心点8.34米。（2）底线，最大宽度1.27厘米，其外沿距T线中心点1.83米。（3）前掷线，宽10.16厘米，其内沿距T线中心点6.4米。（4）中线，最大宽度1.27厘米，交于T线中点，并沿T线正中向外延伸3.66米。（5）起踏线，长0.46米，最大宽度1.27厘米，与T线平行，位于中线的两端。（6）限制线，长15.24厘米，最大宽度1.27厘米，与前掷线平行并距前掷线外沿1.22米。

大本营中心位于T线与中线的交叉点，以此为中心，赛道两端各有一个由四个同心圆组成的大本营。最大的圆外沿距圆心的半径为1.83米，第二大圆半径为1.22米，第三大圆半径为0.61米，最小的圆半径为15.24厘米。

两个起踏器位于起踏线上，分置中线两侧，每个起踏器的内沿距中线8

厘米。每个起踏器的宽度不超过 16 厘米。起踏器须放在适当的材料上，该材料的内侧位于起踏线的内侧，起踏器在起踏线前端 20 厘米以内。如果起踏器陷入冰内，其深度不能超过 3.5 厘米。

图 5-7　起踏器

（二）冰雪排雷场地制冰步骤

1. 冰雪排雷赛道数选择

冰雪排雷场地长 30 米，宽 30 米。最多 5 条道（常用 4 条道），4 条道和 5 条道都是在同一场地上，区别在于 4 条道的赛道之间的间隔大些。

2. 打底色

原材料选择不含油脂的白色涂料、刷子、喷涂器。用刷子或喷涂器把白色涂料均匀地涂在预先选好的场地底冰上。白色打底色涂料不能含有油脂；打底色时，喷涂颜色要均匀，不能出现颜色淡或无色的情况。

3. 第一次覆盖浇冰

选择 100 米带阀门的浇冰水管，浇冰水管可以粗一些。用浇冰水管在刷底色或喷涂白色的底冰上均匀浇 1 厘米厚的冰。

4. 第二次覆盖浇冰

需要准备的工具有：100 米带阀门的浇冰水管、黑色毛线、划圈器、不含油脂的红色、深蓝色涂料、起踏器。

用浇冰水管浇 1 厘米厚的冰，严格按照场地平面图说明用黑色毛线把四个场地的外框划出，在每个场地的大框中找出中线和 T 线的交点为圆心，以这个

点为圆心施划彩色大本营，把划圈器圆心头固定在选好的圆心点上，按平面图
划四个同心圆线，使用红色不含油脂的涂料并用毛刷刷最外圈，再用深蓝色不
含油脂涂料刷第三个圈，用黑色毛线施划场地所有其他的线。前掷线宽10厘
米，用蓝色或黑色不含油脂涂料刷涂。最后安装分隔板或分隔海绵，分隔海
绵长10米、宽10米、高12米，用矿泉水像胶水一样，把分隔海绵和冰黏合。
在中线上距底线1.83米的位置上安装起踏器，胶皮朝上铁板朝下用水黏合。

操作时要注意以下几点：蓝色和红色涂料均不含油脂；同一场地两个大
本营的外圈和间隔的第三圈颜色相反；同一场地先刷涂料后画线；毛线颜色
为黑色、富有弹性不易折；安装时要垂平，不能有斜面。

5. 第三次覆盖浇冰

在场地用100米带阀门的浇冰水管浇冰，把所有的线和颜色盖上，厚度
1厘米。注意刮冰的效果，冰面要平整。

6. 打冰点

用覆盖物将起踏器盖住，制冰人员背着喷点壶，手拿喷嘴在腰部以上胸
部以下后退式向左右甩动，均匀喷洒水珠到冰面上，用修冰机刮一遍场地后
打冰点，用扫冰拖布清理冰面，用冰壶雷打磨冰面，场地制作完成。打冰点
之前要把起踏器盖住。

场地制作过程中，要防止冰面炸裂；制作完成后，把"冰壶雷"提前24
小时放在冰面上。

第二节　青少年国防体育冰雪排雷训练方法

一、技术训练手段与方法

青少年国防体育冰雪排雷技术是为了保障冰雪排雷战术实施而进行的一系
列技术动作，从而达到使冰壶雷投进预定区域或者磕、传、打其他冰壶雷的方
法。冰雪排雷技术主要包括准备技术、滑行技术、投冰壶雷技术和清扫技术。

（一）准备技术

准备技术是指在投冰壶雷之前确定冰壶雷目标位置、投冰壶雷旋转方向和力量大小，上起踏器，选定滑行线路等一系列准备开始投冰壶雷的技术活动。

（二）滑行技术

1. 技术要求

从蹬离起踏板、身体重心转移到滑行脚上，即转入投冰壶雷滑行阶段。滑行技术的关键在于滑行的稳定性，姿势越低稳定性越好，因此要求髋关节的柔韧性要好。在运动员中常见的现象是投雷身体弯曲一侧的柔韧性好，而另一侧的较弱。因此，运动员身体两侧柔韧性都要进行训练。出色的平衡能力可提高投雷滑行时的稳定性，为出手创造条件。平衡能力虽然不作为独立的一种身体素质，但它属于灵敏素质的一方面。陆地练习可借鉴体操项目平衡能力的练习方法，如各种平衡练习，也可采用闭目各种姿势的站立，以发展前庭感受器的感受能力。冰上练习以各种姿势的单足支撑滑行为主，配合投雷练习效果更佳。

2. 训练方法

（1）集体练习

图 5-8　徒手直立滑行

图 5-9　徒手持冰刷蹬踏滑进

图 5-10　双人辅助滑进

（2）个人徒手滑行练习

图 5-11　上踏板

图 5-12　下蹲

图 5-13　提臀

图 5-14　滑行脚后引

图 5-15　滑行

（三）投冰壶雷技术

1. 技术要求

投雷包含平衡、时机、方向、松手四大技术要素，分为高摆动投雷、低摆动投雷和无摆动投雷三种技术动作。根据项目的要求，运动员应重点发展腿部、肩部和手指、手腕力量，并且要以提高力量耐力为主。

2. 训练方法

运动员蹲下身体并将身体靠在小腿上，伸直胳膊把冰壶雷轻松地放在自己的前方。垂直肩膀、伸直胳膊、靠拢膝盖、端正身体。在身体放松的情况下，控制好平衡是非常重要的。在将冰壶雷向前稍微移动的同时开始投冰壶雷。在做投冰壶雷动作之前先把躯干部分抬起，保持胳膊伸直与肩膀垂直，掌握好冰壶雷的握法与自我控制，以正确的姿势投出冰壶雷。

右手　　　　　　　　　　左手

图 5-16　顺时针握法

右手　　　　　　　　　　左手

图 5-17　逆时针握法

右手　　　　　　　　　　左手

图 5-18　出手后持雷手方向

　　投冰壶雷是以手臂力量控制为主，通过手腕和手指微调有效控制冰壶雷体旋转及出手速度，达到冰壶雷体最佳运行轨迹。重点要控制好小横步，实际就是脚的转弯度。做投冰壶雷运动时保持好重心也非常重要。把身体的重心移到右侧稍微弯曲的脚上，用左脚来控制并掌握平衡（见图 5-19）。

图 5-19　投冰壶姿势

　　把冰壶雷提到自己的前方，伸直胳膊然后把脚慢慢地移到冰壶雷的后方。因为身体的重心要从后脚移到向前弯曲的前脚上，所以要掌握好平衡。也可以借助握刷子的手调节平衡。使肩膀垂直于帮助调节平衡的刷子是非常重要的。投出冰壶雷的瞬间，前胸落到膝盖的内侧，冰壶雷脱手，滑向目的地。这时身体完全保持平衡，甚至不用刷子来支撑（见图 5-20）。投冰壶雷结束后，保持随前姿势（见图 5-21），直到投冰壶雷结束为止。

图 5-20　冰壶雷脱手　　　　　图 5-21　随前姿势

（四）清扫技术

1.技术要求

清扫是指操作刷子，对滑行中的冰壶雷前方的冰面进行擦扫，以此来延长冰壶雷的滑行时间，使冰壶雷能够滑行更长距离的一种技术。

清扫能够改变冰面的温度，从而改变冰面的硬度，使冰面的光滑程度增加，由于摩擦力的大小是由物体表面的光滑程度决定的，根据物理公式 $F=\mu N$ 可知摩擦力的减少可以改变冰壶雷运动的距离和运行的速度。由于清扫能够改变滑行冰面的光滑程度，从而改变摩擦力的分布，根据力学分解的平行四边形法则，由于冰壶雷所受摩擦力不同分布，因此所形成合力的方向也随之发生改变，从而改变冰壶雷运动的轨迹。

正确的清扫技术可以使滑行中的冰壶雷减少冰壶雷旋转导致的弧度，也可以保持冰壶雷的滑行速度。清扫可以向任何方向（不需完全超过冰壶雷的宽度），但不能在运动的冰壶雷前留下碎渣、冰屑等，清扫动作必须在冰壶雷运动方向的任意一边结束。

2.训练方法

运动员清扫属于短时间大强度运动。使用刷子清扫的动作要领为：刷子与冰面成 60 度，上方的手紧握刷子柄，下方的手紧握刷子柄的中下部，虎口朝下，这个部位是清扫时的发力点。身体与冰壶雷前进方向成直角，双膝微曲，身体重心位于前脚脚尖，脚尖与前进方向一致。清扫时，运动员因单脚摩擦力较大并使用剪步行走技术，重心前移，身体前倾，双手握清扫刷，肩部三角肌协同肱二头肌、肱三头肌交替收缩，下肢股四头肌、股后肌群、臀大肌肉交替收缩，腰背部肌肉进行等长收缩对躯干起到支撑、固定作用，肩关节带动前臂、腕关节持续运动完成清扫动作。

二、战术训练手段与方法

（一）冰雪排雷战术基本类型

冰雪排雷战术是根据比赛的条件和比赛双方的情况，为合理地发挥己方的能力（包括规则、技术、场地、对手、自己和心理等方面的条件）制定合理的策略。设定目标、比赛计划、指挥手势、比赛风格、投雷的选择、比赛总结等都属于战术范畴。

狭义的战术是指在冰雪排雷运动中采用何种投雷方式进行比赛。投雷包括 12 种类型，其中有 6 种投进雷类型，6 种打击雷类型。投进雷类型包括：投进（指投进大本营的有效投雷）、占位（指投进非大本营的有效投雷）、保护（为挡住前面大本营里的得分雷，或是挡住击打得分雷路线的有效投雷）、传进（指控制力量将己方雷传进，并对传进雷做了很好防守的有效投雷）、分进（控制力量将己方雷传进离圆心更近的距离，或是将对方的雷碰出阻挡路线的有效投雷）、粘贴（控制力量将雷粘在指定雷位置的有效投雷）。打击雷类型包括：击打（指用力将对方大本营内的雷击出，并且击打雷留在击走雷位置的有效投雷）、清空（指用力将对方雷击出，同时己方雷也出局的有效投雷）、击打走位（指用力将对方大本营内的雷击出，并且撞击雷位移到良好的防守位置，或者能打甩到有效得分位置的有效投雷）、双击（指用力将对方两个或两个以上的大本营内的雷击出，而且击打雷能留在大本营内）、传击（指用力击打通过对方或己方雷的多雷传递，将对方雷击出，将己方雷击到一个较为有利的位置的有效投雷）、溜雷（指有意不接触任何雷的投雷）。

选择以何种方式达到预定效果的投雷是冰雪排雷运动的核心问题。冰雪排雷战术有进攻战术和防守战术之分。进攻型战术是指比赛中采用高质量的投进、传进、粘贴等投雷技术，以积极得分和迫使对方犯错误为目的的打法。防守型战术是指比赛中采用单一的以击打为主的投雷技术，把对方大本营内的雷击出有效区，确保本方不失分或减少失分的打法。

进攻战术和防守战术的目的不同，进攻战术以积极得分为目的，防守战术以不失分或少失分为目的，二者是互相依存制约、密不可分的。根据比赛双方实力和局势，攻防战术实施的过程就是掌控比赛局势的过程。例如，在后手比赛时尽可能地避开和对手进行中区进攻，要在边区展开进攻得分。再如，某队在比赛中的投雷能力比较强，那么该队的基本方针就是抑制对手投雷优势的发挥，不让对手有多雷占位，改变对手的战术和技术特点。

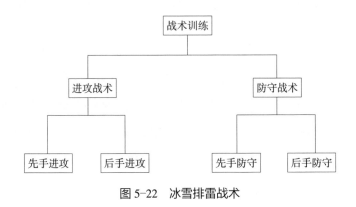

图 5-22　冰雪排雷战术

（二）冰雪排雷战术的构成

战术由战术知识、战术行动和战术意识构成。

1. 战术知识

战术知识是指掌握冰雪排雷有关战术构成的知识，包括：（1）比赛组织形式、竞赛规程与本方的关系，本方在这些方面可以利用的因素。（2）合理地运用规则，并使具体规则发挥最有效作用和条件，本方在规则规定范围内可以利用的可能之处。（3）专项技术特点在战术中体现的原则及体现的合理形式。（4）专项战术发展的趋向。（5）对手的情况，包括他们的素质强弱、常用战术、训练特点，以往参赛过程中的表现出来的规律性等。运动员战术构想和实施的合理性、灵活性主要取决于掌握战术知识的广度和深度。

2. 战术行动

战术行动是用各种形式技术的投法和必要其他活动实施预定战术的构想表现。战术行动的主要内容包括：（1）比赛技、战术的合理配合和变化。比赛技、战术的合理配合和变化是根据比赛的情况来进行的。例如，根据对方的技术、攻守能力的综合情况来决定。（2）对对手产生心理影响的方法和伪装自己战术意图的方法。

3.战术意识

战术意识是伴随着战术行为而发展的，主要通过运动员的能力反映出来，它体现在战术行动的具体实施过程中。战术意识首先表现为运动员在比赛过程中主动、积极实施预定战术行动的自觉性，其次为他的应变能力。

应变能力包括：（1）迅速感觉、判断、分辨对完成预定战术构想有重要作用的信息，以及制订对策能力；（2）预测对方技术和比赛发展结果的能力；（3）根据上述两方面情况寻找达到成功的方案并予以实现的能力。

（三）冰雪排雷战术训练要求与方法

1.战术训练要求

战术训练是整个训练内容的一部分，与技术和身体训练有着密切的关系。冰雪排雷战术训练内容主要有：（1）运动员必须熟悉比赛规程和规则，并能够在完成战术构想中充分利用规则。（2）运动员必须了解必要的比赛的知识，以便针对可能出现的情况采取相应的措施。（3）运动员应了解目前优秀运动队进行比赛的手段和方法，了解对手的技术规律。（4）运动员应掌握良好的技术，完成战术行动的基本行动方式，以及有关的战术常识及禁忌。

通过战术训练运动员必须能够做到：（1）熟练各种预定的战术行动，并能在不同的比赛条件和情况下运用自如。（2）观察和分析情况，了解和决定当时应采用的战术，并能在最短时间内从思想和行动上予以实施。（3）最大限度地发挥技战术能力，以抑制对手长处的发挥，从而战胜对手。（4）在最艰难的比赛条件下尽可能实现预定的战术构想和比赛的总体计划，在比赛出现预想不到的情况时正确处理问题。

2.战术训练方法

（1）不同类型战术训练方法

冰雪排雷场地的区域划分是依据横向线进行划分的，在前掷线和大本营之间均等划分为1区、2区、3区、在大本营根据每个彩圈的横向距离分别划分出4—10区。

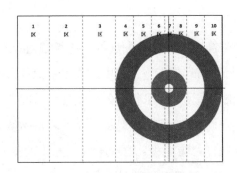

图 5-23　冰雪排雷场地的区域划分

先手战术布局

a. 先手进攻战术布局

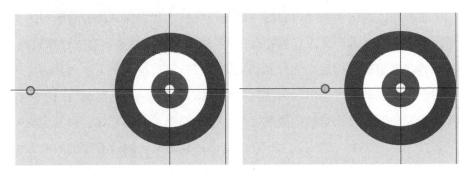

先手进攻 1 区占位　　　　　　　　　先手进攻 3 区占位

图 5-24　先手进攻战术布局的两种情况

先手进攻 1 区或 2 区占位，应用于落后 2—3 分，场地弧线小。先手进攻 3 区占位，应用于落后 1—2 分，场地弧线较大。

先手战术的前两支雷，多数情况下采用中路布局。中路布局时投雷落位在大本营前，尤其以 2 区、3 区为主，这种打法利用在中路设置障碍，阻挡后手方最后一投，表现出强烈的先手偷分意图。先手时，要想偷得 1 分或更多，必须把大量的雷布置到大本营中区前。有了这些雷的保护，再通过旋进或传进等方式进营。这种方式不仅能够阻止对手得分，而且可能获得偷分。

b.先手防守战术布局

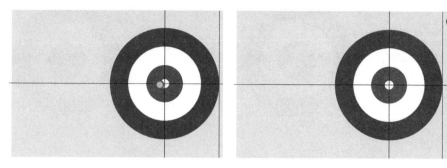

先手防守进营　　　　　　　　　　　　先手防守投出界

图 5-25　先手防守战术布局的两种情况

先手局中，雷直接进营可以让对方击打出场，首先向对手表明防守到底的决心。由于先手的劣势，多数情况下采用保守打法，尤其双方水平相当时，应争取少失分，把对方的得分限制在 1 分以内。因此在战术布局时，开始就要把对手引向简单的防守战中。在比分领先优势较大时，先手采取出界也是先手防守战术的一种方式，这种先手打法已成为比赛中最普遍的先手布局方式。

后手战术布局

a.后手进攻战布局

后手局的主要任务通常是得分，所有布局都围绕如何得更多分进行。后手局投第一支雷时，约 60% 选择边区占位，即使对方第一支雷进营也不理会，表现后手积极得分的决心。先手方占位时，选择利用对方雷作掩护旋进。对手进营时，选择击打或清空，这在开局或比分领先时使用得更多。

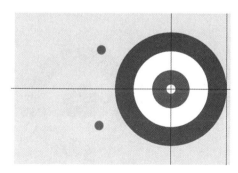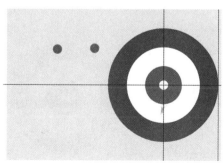

边区左右占位　　　　　　　　　　　　边区同侧双占位

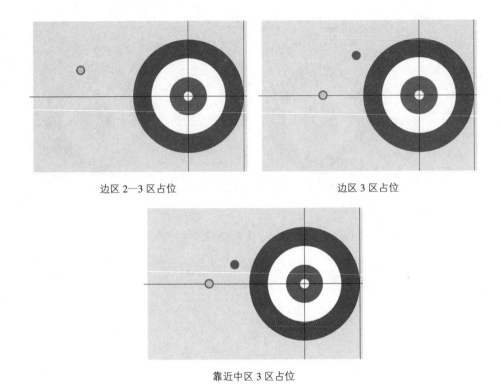

边区 2—3 区占位　　　　　　　　　　边区 3 区占位

靠近中区 3 区占位

图 5-26　后手进攻战布局常用战术

b. 后手防守战术布局

后手第二支雷大多数采用进营战术，其次选择击打或清空。由于下一次投雷对手就可以击打，通常后手第二投会利用对手或自己的防护旋进。当对手进营并形成保护时，为防止对方偷分，有时也选择击打或清空。一般来说，拥有后手优势，应尽量使赛道的中路畅通，以便在需要的情况下最后一投得分。

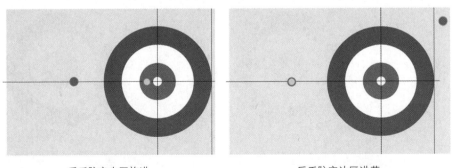

后手防守中区旋进　　　　　　　　　　后手防守边区进营

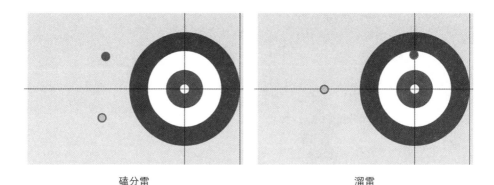

磕分雷　　　　　　　　　　　　　溜雷

图 5-27　后手防守战术布局常用战术

（2）战术训练注意事项

战术水平的提高，在许多方面取决于技术训练，协调能力的培养，时间和空间判断能力的培养以及专门性心理训练。把这些训练内容与战术训练有机地结合在一起，就能把战术水平提到一个新的高度。

a.降低战术练习的难度

通常在初期战术训练时必须降低练习的难度，可以把学习的内容简单化，分解成不太复杂的形式。例如，在战术训练中把进攻和防守的技术训练分开训练，采取设计进攻或防守的单局比赛训练，这样可以促使所练战术能准确达到预定的要求。

b.在比比赛条件更复杂的条件下练习

在战术训练中把进攻和防守的技术混合在战术比赛中，让队员处理好攻守战术的灵活转变。限制击打次数和比赛时间。例如，开始比赛前就设定落后 2 分以上的情境，要求终场比赛必须获得 2 分以上才能取胜，等等。

c.培养比赛经验

参加各种形式组织的专门比赛，从比赛实践中让运动员对战术做评价，发挥他们的创造性，弥补战术设计不足。在重大比赛的赛前阶段，尽可能充分地模拟完整的比赛，选择与即将交锋的对手在技术、战术、身体和心理素质特点相似的假设对手。

（四）冰雪排雷指挥手势

1.旋转方向

顺时针方向

逆时针方向

5-28　冰雪排雷指挥手势——旋转

2. 进营

中区进营

边区进营

图 5-29　冰雪排雷指挥手势——进营

3. 占位

中区占位

边区占位

图 5-30　冰雪排雷指挥手势——占位

4.投雷力量控制指挥手势

图 5-31 大力击打力量

图 5-32 正常击打力量

图 5-33　踏板力量

(a)

(b)

图 5-34 底线力量

(a)

(b)

图 5-35　场外线力量（两种手势）

图 5-36　投雷出底线

第三节　青少年国防体育冰雪
排雷训练水平评定

　　冰雪排雷运动技术分为滑行技术，投雷技术两大部分，制定冰雪排雷运动技术指标评定标准，并利用标准对冰雪排雷运动员进行技术水平测试评定是非常必要的，根据冰雪排雷技术制定冰雪排雷运动技术指标评定标准及测试细则。

　　测试过程中要求运动员做 10 次技术测试，取均值后对运动员技术水平进行等级评定，根据测试成绩的范围确定等级。

一、滑行技术测试

表 5-1　冰雪排雷滑行技术测试等级标准

（单位：米）

等级标准	青年大学	青年高中	少年	少儿	评定方法
优秀	32.0	27.0	22.0	17.0	以踏板为起点，朝对向滑行
良好	25.6—31.9	21.3—26.9	17.1—21.9	12.8—16.9	
合格	19.1—25.5	15.6—21.2	12.1—17.0	8.6—12.7	
不合格	0—19.0	0—15.5	0—12.0	0—8.5	

注：少儿组年龄为 6—11 岁，少年组年龄为 12—15 岁，青年高中组年龄为 16—18 岁，青年大学组年龄为 18—21 岁。

二、投雷准度测试

表5-2 冰雪排雷投雷准度测试等级标准

（单位：厘米）

等级标准	青年大学	青年高中	少年	少儿	评定方法
优秀	≤ 90	≤ 185	≤ 230	≤ 274	以大本营圆心为目标点。投雷范围为圆周方式评定
良好	90.1—182.0	185.1—321.0	230.1—435.0	274.1—503.0	
合格	182.1—273.9	321.1—456.9	435.1—639.9	503.1—731.9	
不合格	≥ 274	≥ 457	≥ 640	≥ 732	

注：少儿组年龄为6—11岁，少年组年龄为12—15岁，青年高中组年龄为16—18岁，青年大学组年龄为18—21岁。

三、投雷占位测试

中区占位和边区占位各做5次。中区占位：冰壶雷在中线上得4分（冰壶雷的任意边压在中线上）；冰壶雷离中线小于15厘米得3分；冰壶雷横向外沿小于61厘米得1分；冰壶雷横向外沿超出61厘米得0分。边区占位：冰壶雷横向位于61—122厘米得4分；冰壶雷内沿小于122厘米得3分；冰壶雷内沿位于122—183厘米得1分；冰壶雷内沿大于183厘米得0分。

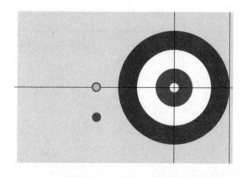

图5-37 红色冰壶雷做边区占位，黄色冰壶雷做中区占位

表 5-3 投雷占位测试等级标准

(单位：分)

等级标准	青年大学	青年高中	少年	少儿	评定方法
优秀	36 以上	32 以上	28 以上	24 以上	在中线及边区占位，占位冰壶雷位于大本营之外。评定时以 T 线为标尺，平均分值评定
良好	29—35	24—31	21—27	18—23	
合格	20—28	16—23	13—20	11—17	
不合格	19 分以下	15 分以下	12 分以下	10 分以下	

注：少儿组年龄为 6—11 岁，少年组年龄为 12—15 岁，青年高中组年龄为 16—18 岁，青年大学组年龄为 18—21 岁。

四、投雷保护测试

②号冰壶雷为①号冰壶雷做保护，投雷 10 次。投出的冰壶雷完全遮挡目标冰壶雷得 4 分；投出的冰壶雷遮挡目标冰壶雷超过 1/2 得 3 分；投出的冰壶雷遮挡目标冰壶雷低于 1/2 得 1 分；目标冰壶雷完全暴露得 0 分

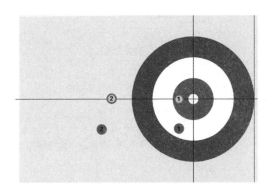

图 5-38 ②号冰壶雷为①号冰壶雷做保护

表5-4　投雷保护测试等级标准

（单位：分）

等级标准	青年大学	青年高中	少年	少儿	评定方法
优秀	30以上	26以上	20以上	16以上	投出的冰壶雷为目标冰壶雷做保护，投出的冰壶雷处于目标冰壶雷与前掷线之间予以评分
良好	24—29	21—25	16—20	13—16	
合格	17—23	15—20	11—15	7—12	
不合格	16分以下	14分以下	10分以下	6分以下	

注：少儿组年龄为6—11岁，少年组年龄为12—15岁，青年高中组年龄为16—18岁，青年大学组年龄为18—21岁。

五、投雷传进测试

投出的冰壶雷传击目标冰壶雷，使目标冰壶雷进入大本营，投出的冰壶雷完全遮挡目标冰壶雷得4分；投出的冰壶雷遮挡目标冰壶雷超过1/2得3分；投出的冰壶雷遮挡目标冰壶雷低于1/2得1分；目标冰壶雷完全暴露得0分。

表5-5　投雷传进测试等级标准

（单位：分）

等级标准	青年大学	青年高中	少年	少儿	评定方法
优秀	30以上	26以上	20以上	16以上	将目标冰壶雷通过传击进入大本营，投出的冰壶雷碰撞到目标冰壶雷，使目标冰壶雷进入大本营，方予以评分
良好	24—29	21—25	16—20	13—16	
合格	17—23	15—20	11—15	7—12	
不合格	16分以下	14分以下	10分以下	6分以下	

注：少儿组年龄为6—11岁，少年组年龄为12—15岁，青年高中组年龄为16—18岁，青年大学组年龄为18—21岁。

六、投雷分进测试

对本方冰壶雷进行分进，两种技术各进行5次测试。投出的冰壶雷和目标冰壶雷均进入大本营得 4 分；投出的冰壶雷和目标冰壶雷只有一个进入大本营得 2 分；投出的冰壶雷和目标冰壶雷均未进入大本营得 0 分。

对对方冰壶雷进行分进，两种技术各进行 5 次测试。对方冰壶雷与本方冰壶雷碰撞后横向距离中线均超过 61 厘米得 4 分；对方冰壶雷与本方冰壶雷碰撞后横向距离中线均超过 45.75 厘米得 3 分；对方冰壶雷与本方冰壶雷碰撞后横向距离中线均超过 30.5 厘米得 2 分；对方冰壶雷与本方冰壶雷碰撞后横向距离中线未超过 30.5 厘米得 0 分。

表 5-6　投雷分进测试等级标准

（单位：分）

等级标准	青年大学	青年高中	少年	少儿	评定方法
优秀	30 以上	26 以上	20 以上	16 以上	分为对本方冰壶雷进行分壶和对对方冰壶雷进行分进两种
良好	24—29	21—25	16—20	13—16	
合格	17—23	15—20	11—15	7—12	
不合格	16 分以下	14 分以下	10 分以下	6 分以下	

注：少儿组年龄为 6—11 岁，少年组年龄为 12—15 岁，青年高中组年龄为 16—18 岁，青年大学组年龄为 18—21 岁。

七、投雷粘贴测试

粘贴距离在 5 厘米以内得 4 分，距离在 5—10 厘米得 2 分，不满足上述条件为 0 分。

表 5-7　投雷粘贴测试等级标准

（单位：分）

等级标准	青年大学	青年高中	少年	少儿	评定方法
优秀	30 以上	26 以上	20 以上	16 以上	将投出的冰壶雷与目标冰壶雷前后相连
良好	24—29	21—25	16—20	13—16	

续表

等级标准	青年大学	青年高中	少年	少儿	评定方法
合格	17—23	15—20	11—15	7—12	将投出的冰壶雷与目标冰壶雷前后相连
不合格	16 分以下	14 分以下	10 分以下	6 分以下	

注:少儿组年龄为 6—11 岁,少年组年龄为 12—15 岁,青年高中组年龄为 16—18 岁,青年大学组年龄为 18—21 岁。

八、投雷击打测试

投出冰壶雷将目标冰壶雷击打出有效区。投出冰壶雷在发生碰撞后留在大本营且移动未超出 30 厘米得 4 分;投出冰壶雷将目标冰壶雷击打出有效区,投出冰壶雷在发生碰撞后留在大本营且移动超出 30 厘米得 3 分;投出冰壶雷将目标冰壶雷击打出有效区,投出冰壶雷移出有效区得 2 分:投出冰壶雷未将目标冰壶雷击打出有效区得 0 分。

表 5-8　投雷击打测试等级标准

(单位:分)

等级标准	青年大学	青年高中	少年	少儿	评定方法
优秀	36 以上	32 以上	28 以上	24 以上	
良好	29—35	24—31	21—27	18—23	将目标冰壶雷击打出有效区
合格	20—28	16—23	13—20	11—17	
不合格	19 分以下	15 分以下	12 分以下	10 分以下	

注:少儿组年龄为 6—11 岁,少年组年龄为 12—15 岁,青年高中组年龄为 16—18 岁,青年大学组年龄为 18—21 岁。

九、投雷击打走位（打甩）测试

投出冰壶雷碰撞目标冰壶雷,将目标冰壶雷击出有效区后,投出的冰壶雷完全被遮挡得 4 分;投出的冰壶雷被遮挡超过 1/2 得 3 分;投出的冰壶雷被遮挡低于 1/2 得 2 分；投出的冰壶雷完全暴露得 1 分；投出冰壶雷为停留在大本营内或未将目标冰壶雷击打出有效区得 0 分。

表 5-9　投雷打甩测试等级标准

（单位：分）

等级标准	青年大学	青年高中	少年	少儿	评定方法
优秀	30 以上	26 以上	20 以上	16 以上	投出冰壶雷碰撞目标冰壶雷，将目标冰壶雷击打出有效区
良好	24—29	21—25	16—20	13—16	
合格	17—23	15—20	11—15	7—12	
不合格	16 分以下	14 分以下	10 分以下	6 分以下	投出冰壶雷碰撞目标冰壶雷，将目标冰壶雷击出有效区

注：少儿组年龄为 6—11 岁，少年组年龄为 12—15 岁，青年高中组年龄为 16—18 岁，青年大学组年龄为 18—21 岁。

十、投雷清空测试

投出冰壶雷碰撞目标冰壶雷，将目标冰壶雷击出有效区后，本方冰壶雷也移出有效区得 4 分；本方冰壶雷留在有效区，但将进攻路线闪开，达到战术目的得 2 分；没打到得 0 分。

表 5-10　投雷清空测试等级标准

（单位：分）

等级标准	青年大学	青年高中	少年	少儿	评定方法
优秀	36 以上	32 以上	28 以上	24 以上	投出冰壶雷碰撞目标冰壶雷
良好	29—35	24—31	21—27	18—23	
合格	20—28	16—23	13—20	11—17	
不合格	19 分以下	15 分以下	12 分以下	10 分以下	

注：少儿组年龄为 6—11 岁，少年组年龄为 12—15 岁，青年高中组年龄为 16—18 岁，青年大学组年龄为 18—21 岁。

十一、投雷双击测试

目标冰壶雷均被击出有效区得 4 分；目标冰壶雷只有一个被击出有效区得 2 分；目标冰壶雷均未出有效区得 0 分。

表 5-11　投雷双击测试等级标准

（单位：分）

等级标准	青年大学	青年高中	少年	少儿	评定方法
优秀	30 以上	26 以上	20 以上	16 以上	将两只或两只以上的冰壶雷击打出有效区
良好	24—29	21—25	16—20	13—16	
合格	17—23	15—20	11—15	7—12	
不合格	16 分以下	14 分以下	10 分以下	6 分以下	

注：少儿组年龄为 6—11 岁，少年组年龄为 12—15 岁，青年高中组年龄为 16—18 岁，青年大学组年龄为 18—21 岁。

十二、投雷传击测试

将对方壶传击出有效区，且形成保护得 4 分；将对方壶传击出有效区，未形成保护得 3 分；将对方壶传击出有效区，目标冰壶雷出有效区得 2 分；没形成传击得 0 分。

表 5-12　投雷传击测试等级标准

（单位：分）

等级标准	青年大学	青年高中	少年	少儿	评定方法
优秀	30 以上	26 以上	20 以上	16 以上	通过传击本方的冰壶雷将对方冰壶雷击打出有效区且形成保护
良好	24—29	21—25	16—20	13—16	
合格	17—23	15—20	11—15	7—12	
不合格	16 分以下	14 分以下	10 分以下	6 分以下	

注：少儿组年龄为 6—11 岁，少年组年龄为 12—15 岁，青年高中组年龄为 16—18 岁，青年大学组年龄为 18—21 岁。

第四节 青少年国防体育冰雪排雷竞赛与裁判

一、竞赛组织

根据青少年国防冰雪体育竞赛规程要求进行报名，以报名参赛队伍数量决定竞赛形式，分为单循环和分组循环等不同赛制，最终决出竞赛名次。比赛设少年组（15岁以下）和青年组（15岁至18岁）。

每场比赛两局，各参赛队可选派5名运动员（至少含1名女运动员）参赛。每队5支冰壶雷，每人1支冰壶雷。比赛中双方各5名队员交替按照顺序依次投掷各自颜色的冰壶雷，每人1次，全部投完为一局。每局结束后双方队长或副队长确定比分。每场比赛打两局。在完成本局比赛后（所有的冰壶雷均被投出），某队的冰壶雷位于或接触大本营，并且比对方所有冰壶雷都要更接近圆心，该队获胜。

赛制采用淘汰赛制，每场比赛两局，前八名进入复赛。复赛排序按照比赛前抽签来决定（具体为：1—8、2—7、3—6、4—5）进行复赛，胜者进入半决赛。半决赛四支队伍，两场比赛（1—8胜者对阵4—5胜者，2—7胜者对阵3—6胜者）胜者进入决赛争夺冠军，负者争夺季军。

二、竞赛裁判

（一）裁判岗位设置及数量

竞赛中裁判人员设置共计54人，其中：技术代表1人；裁判长1人；副裁判长4人；编排记录长1人；编排裁判员2人；检录裁判长2人；检录裁判员5人；计时裁判长2人；计时裁判员10人；执场裁判长2人；执场裁判员10人；前掷线裁判长2人；前掷线裁判员10人；宣告员2人。

（二）裁判岗位职责

1.技术代表：技术代表由冰雪项目竞赛主管推荐，并由主席和秘书长批准和任命。技术代表的主要职责是确保比赛在冰雪项目竞赛的规则、政策和程序内进行。

2.裁判长：裁判长代表组织者控制和掌管比赛。

3.副裁判长：对裁判长负责，在裁判长不在场时执行裁判长工作。

4.编排记录长：对裁判长负责，在裁判长的批准下记录赛事日程及成绩，并负责成绩公告发布。

5.检录裁判长：对裁判长负责，在比赛前对参赛队进行检录，确保参赛队符合参赛各项要求。

6.计时裁判长：对裁判长负责，负责控制比赛前练习和比赛中时钟运行准确。

7.执场裁判长：对裁判长负责，负责在比赛中对场上发生的各项违规进行处罚，并通知裁判长。

8.前掷线裁判长：对裁判长负责，负责带领前掷线裁判对比赛中队员的出手违例进行判罚，并通知裁判长。

9.裁判员：对裁判长负责，负责在比赛中对场上的违规进行判罚，需要通知执场裁判长和裁判长。

10.宣告员：对裁判长负责，负责在比赛全过程中根据需要对各种情况进行宣告。

（三）裁判手势用语

红壶 1 分

红壶 2 分

红壶 3 分

红壶 4 分

红壶 5 分

图 5-39　得分裁判手势（以红壶得分为例）

红壶靠近中心

黄壶靠近中心

图 5-40　裁判判定手势

图 5-41　前掷线违例

第 六 章

青少年国防体育冰雪雪仗

　　雪仗是多年来流传在我国东北地区的青少年冬季传统娱乐项目，深受广大群众热崇，依托大冰雪、大森林、大湿地等自然条件兴起，是一项极具挑战性、协同性、战术性、趣味性的冬季冰雪体育运动。雪仗集休闲、娱乐、竞技为一体，竞赛过程十分考验参赛队运动员之间的赛场配合能力，同时运动员也需要强大意志力、充沛的体能和快速判断力，在攻防转换间充分展示冰雪运动魅力，适合于社会各年龄段人群开展。雪仗这项冰雪体育游戏活动已被列入国际比赛竞赛项目。世界上有 20 多个国家组织和参与此项运动，雪仗赛的比赛热潮对体育产业、体育文化、体育旅游起到了积极推动作用。

图 6-1　第一届国防冰雪体育雪仗赛比赛现场

我国广大青少年认识冰雪、感知冰雪、融入冰雪，对雪的亲、对冰的爱已融入国防体育冰雪运动中。2017 年 12 月，中国首届国防冰雪体育雪仗赛在黑龙江省成功举办，来自全国 16 个省份的 30 多支代表队参加了比赛。从组织形式上看，雪仗赛参与门槛低，易于推广，是我国现阶段冰雪体育团体项目中深受广大青少年青睐的运动项目。

第一节　青少年国防体育冰雪雪仗装备与场地

一、竞赛装备

主要装备有：头盔、护脸、手套、号码服、掩体、伪装网、雪球机。

雪球规格为直径 7—10 厘米的圆球体，每场比赛由各参赛队自备雪球，雪球机或雪球夹由赛会组委会提供。对雪球硬度的要求为：击打到身体上后破碎。

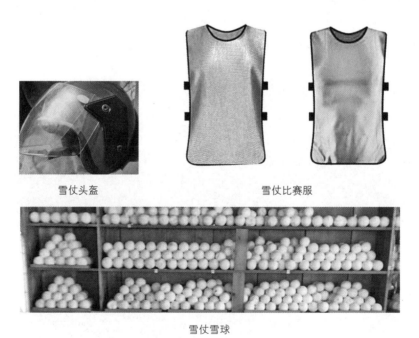

雪仗头盔　　　　　　　　　　　雪仗比赛服

雪仗雪球

图 6-2　冰雪雪仗装备

二、竞赛场地

雪仗赛场地长 32 米，宽 15 米；雪墙障碍长 1.5 米，宽 0.5 米，高 1.2 米；双方大本营长 3.2 米，宽 1.2 米；判罚区长 3 米，宽 2 米（见图 6-3）。

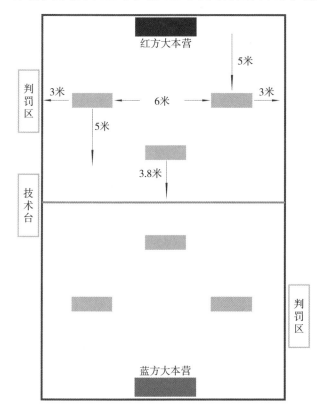

1. 雪仗赛场地规格：长 32 米、宽 15 米
2. 雪墙障碍规格：长 1.5 米、宽 0.5 米、高 1.2 米
3. 双方大本营：长 3.2 米、宽 1.2 米
4. 判罚区：长 3 米、宽 2 米

图 6-3　雪仗赛场地规格

第二节　青少年国防体育冰雪雪仗训练方法

一、冰雪雪仗技术训练

（一）冰雪雪仗基本技术

冰雪雪仗技术环节分为：握球、挥臂、跨步、掷球、完成动作。运动员

以食指与中指按住球的中线，二指须保持一段距离，拇指则在下按住球的缝线，无名指与小指轻轻地弯曲支撑球体，球悬空托于掌心。右手投球者，抬起左脚，腰部向右方扭转，手臂由后方挥摆做绕环动作，上身前倾，身体转向正前方，同时左脚向前跨一步。转身过体侧时，球离手刹那，必须加速转身稳定重心。手臂加速挥臂时，配合腰的扭转力，上身回转力与重心的移动，使动作自然协调；眼睛注视着投球目标，对准对方的击打部位投球。投球动作要流畅，投球过程中将重心由右脚转移至左脚。球离手瞬间，食指、中指要有往前抓的动作。球出手后，往投球方向做跨步，后足自然往前跟进。

投球动作一般分为正手投掷（上手、下手）、侧面投掷和抛投。抛雪球有三种典型方法：（1）风车式投球法：以肩为轴，手臂由前方、上方回转一圈投球，使手臂完全挥向前方的一种投球方法。（2）弹弓式投球法：以肩为轴心，手臂挥向后方，利用其反作用力，使手臂完全挥向前方的一种投球方法。（3）8字形投球法：以肩为轴，投球时在身体前，摆臂似有8字形，最后使手臂完全挥向前方的一种投球方法。此种投球方式有8字形风车式投球法与8字形弹弓式投球法。

（二）冰雪雪仗技术训练方法

1. 原地投准练习

训练时在场地设置人身靶位（见图6-4），人身靶位距离运动员投掷线15米。运动员在训练时按照计划进行人身靶位目标投准练习，投掷时可采用单手持雪球快速投掷，也可采用双手分别快速投掷法击准目标。

图6-4 军训器材人身靶

2.行进间投准练习

训练时在场地设置 A 雪垒和 B 雪垒作为掩体,雪垒间的距离为 10 米,同时在距 A 雪垒和 B 雪垒中间位置前方 15 米处设置人身靶位(见图 6-5)。运动员在训练时按照计划从 A 雪垒到 B 雪垒,也可从 B 雪垒到 A 雪垒进行行进间跑动投掷雪球训练,进攻跑动技术采取侧步跨越式跑动投掷雪球技术或屈身行进间快速转体投掷雪球技术,根据跑动方向均可采用左手投掷或右手投掷方法进行攻击目标练习。

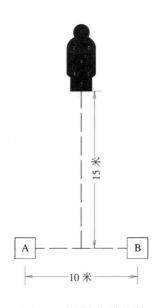

图 6-5　行进间投准训练

二、冰雪雪仗战术训练

国防体育冰雪雪仗战术是雪仗比赛中实施战斗方案的原则和方法。比赛过程中参赛队双方均依据比赛对手竞技能力实际情况,精准定位分析对手,制定出合理的参赛方法暨战术。穿插、迂回、切入突破防线是雪仗比赛的特点。根据雪仗赛特点和对手的实际情况制定好合理的战略方案,是雪仗赛获胜的关键。

（一）冰雪雪仗基本战术

以蓝方为例，简要介绍雪仗赛训练中常采用的几种战术。

战术一：两翼牵制中心突破

两翼牵制加中心突破战术是雪仗赛诱敌深入战术方法之一。竞赛中进攻一方按照赛前布置的进攻战术，当裁判员开赛哨声响起，进攻方两翼进行佯攻，造成边线突击的势头，使守方误认为攻方主力在两翼进攻，以此来迷惑对方，同时主攻队另一支突击队迅速从中线直插守方大本营夺取胜利。

1. 雪仗赛场地规格：长 32 米、宽 15 米
2. 雪墙障碍规格：长 1.5 米、宽 0.5 米、高 1.2 米
3. 双方大本营：长 3.2 米、宽 1.2 米
4. 判罚区：长 3 米、宽 2 米

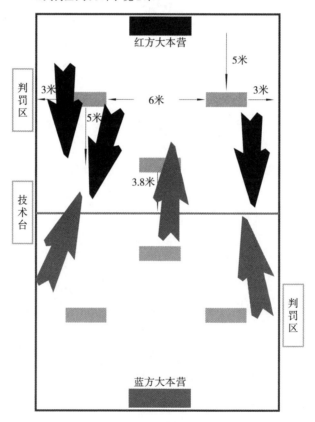

图 6-6　两翼牵制中心突破

战术二：全队出击重点突破

全队出击重点突破战术是进攻方以技战术优势压倒对方常用的战术。比赛中随着主裁判开赛哨声响起，攻方队员全线压进对方半区，在攻击时，左路（右路）加中路形成左边线（右边线）突击攻击区，让守方队员误感到攻方队员是从左侧（右侧）进攻，同时主攻方用另外一支进攻队（左或右）配合主攻队同步穿插，如守方全线控制右方攻击区，攻方左线突击队就充当穿插尖刀班的作用，以点带面，或三条进攻线同步推进，使攻方形成大兵压境的态势，突出攻击队伍的优势，直取大本营。

1. 雪仗赛场地规格：长 32 米、宽 15 米
2. 雪墙障碍规格：长 1.5 米、宽 0.5 米、高 1.2 米
3. 双方大本营：长 3.2 米、宽 1.2 米
4. 判罚区：长 3 米、宽 2 米

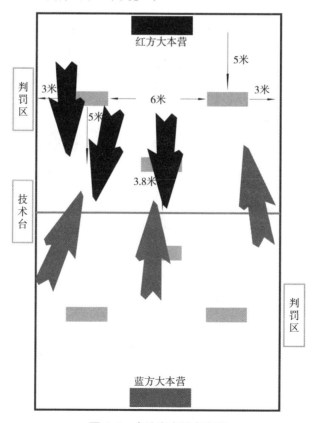

图 6-7　全队出击重点突破

战术三：攻防结合运动突破

攻防结合运动突破战术是进攻方运用防御加进攻稳步推进的战法。比赛中主裁判哨声响起比赛开始，进攻方将在守方技战术能力较强或攻防两方综合实力相当情况下采用此战术。进攻时全线压进，以防御为主酌机快速推进，三条进攻线路明确，识敌薄弱环节进行突破强攻大本营夺取胜利。

1. 雪仗赛场地规格：长 32 米、宽 15 米
2. 雪墙障碍规格：长 1.5 米、宽 0.5 米、高 1.2 米
3. 双方大本营：长 3.2 米、宽 1.2 米
4. 判罚区：长 3 米、宽 2 米

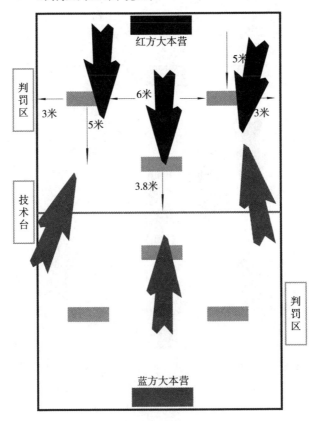

图 6-8 攻防结合运动突破

战术四：声东击西侧翼突破

声东击西的核心的战法是打击敌人的薄弱环节，出其不意攻击对方。竞赛裁判员比赛哨声响起，进攻方分左右两线作战突击，避开敌方锋芒，采用忽东忽西、即打即离的战术迷惑对方，让守方阵地的薄弱部位暴露出来，攻方队抓住战机乘势而上猛攻敌方，一举攻克大本营。

1. 雪仗赛场地规格：长 32 米、宽 15 米
2. 雪墙障碍规格：长 1.5 米、宽 0.5 米、高 1.2 米
3. 双方大本营：长 3.2 米、宽 1.2 米
4. 判罚区：长 3 米、宽 2 米

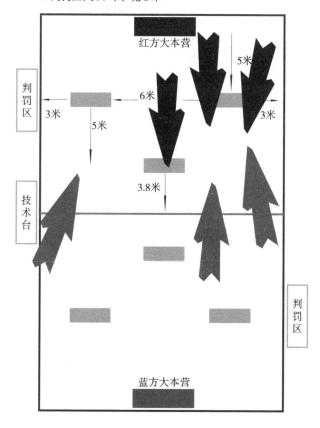

图 6-9　声东击西侧翼突破

战术五：诱敌深入侧翼伏击

古今中外的军事家对诱敌深入战术理论有很多阐述，诱敌深入的经典案

例为战争论史篇写下了浓墨重彩的一笔。诱敌深入、侧翼伏击战术是主攻方有计划、有组织地放弃阵地，引诱敌方至我方区域予以击破。同时攻方根据围打敌方的有效战机实施侧翼伏击快速直取大本营。

1. 雪仗赛场地规格：长 32 米、宽 15 米
2. 雪墙障碍规格：长 1.5 米、宽 0.5 米、高 1.2 米
3. 双方大本营：长 3.2 米、宽 1.2 米
4. 判罚区：长 3 米、宽 2 米

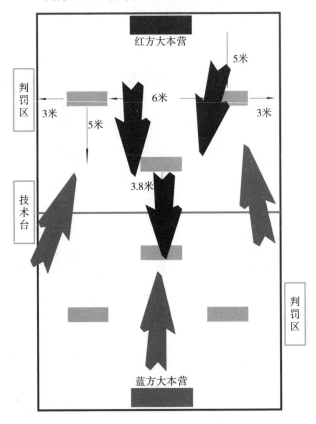

图 6-10　诱敌深入侧翼伏击

战术六：调虎离山侧翼迂回

调虎离山是一种调动敌方的战术谋略，核心在于"调"。竞赛中裁判员开赛哨声响起，攻方队一侧佯攻（左或右）中线和边线（左或右），以防守、诱探、观察为主，在充分了解守方阵容的综合实力后，巧妙地诱惑敌人，把

敌人调离坚固的防御阵地，引诱他们进入攻方伏击区，攻方就可以变被动为主动，抓住守方的薄弱环节，利用边线佯攻队员断其后路进行围攻，直取大本营。此战法可用于技术综合能力较强的队伍。

1.雪仗赛场地规格：长 32 米、宽 15 米
2.雪墙障碍规格：长 1.5 米、宽 0.5 米、高 1.2 米
3.双方大本营：长 3.2 米、宽 1.2 米
4.判罚区：长 3 米、宽 2 米

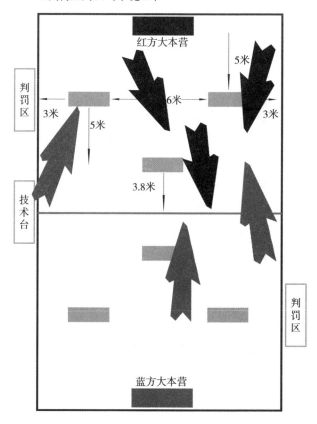

图 6-11　调虎离山侧翼迂回

（二）冰雪雪仗战术训练方法

1.进攻战术训练

训练时在场地设置 4 个固定距离绕标杆，直至大本营前沿阵地进行强攻。大本营区域强攻技术，一是跨越式攻击法训练，强攻敌方时运动员要先

快速蛇形跑动绕过 4 个标杆，在接近敌方大本营防守区域后进行跨越式攻击，使身体任意部位快速触及大本营区域；二是采用鱼跃滚翻式攻击法，强攻敌方时运动员要先快速蛇形跑动绕过 4 个标杆，在接近敌方大本营防守区域后进行鱼跃滚翻式攻击，使身体任意部位快速触及敌方大本营区域。训练中要突出主攻运动员技战术综合能力，快速灵活，目标准确，强化突破，夺取胜利。

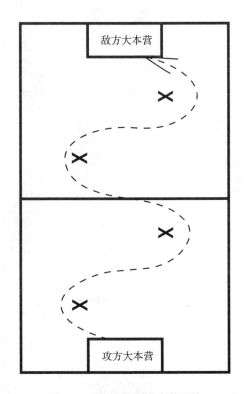

图 6-12 强攻敌方大本营训练

2.防守战术训练

（1）三二联防训练

训练时守方运动员以 5 名队员在防守区域站位，站位方法为三二排列。训练时 1 名攻方队员在防守区域配合进攻，进攻时绕过左翼或右翼蛇形跑动，攻击大本营。守方区域 3 名队员防守时左右兼顾阻击攻方队员，当攻方队员躲过守方 3 名防守运动员后，另外 2 名运动员快速出击，将攻方运动员击中在防守区域，阻断进攻。

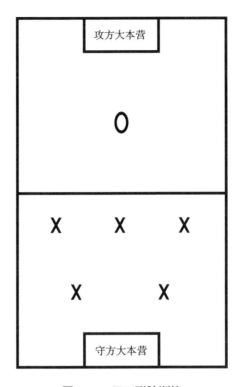

图 6-13　三二联防训练

注：〇为攻方队员；×为守方队员。

（2）二三联防训练

训练时守方运动员以 5 名队员在防守区域站位，站位方法为二三排列。训练时 1 名攻方队员在防守区域配合进攻，进攻时绕过左翼或右翼蛇形跑动，攻击大本营。守方区域 2 名队员防守时左右兼顾阻击攻方队员，当攻方队员躲过守方 2 名防守运动员后，另外 3 名运动员快速出击，将攻方运动员击中在防守区域，阻断进攻。

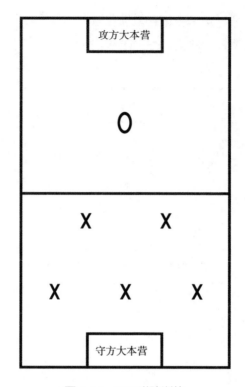

图 6-14　二三联防训练

注：○为攻方队员；× 为守方队员。

（3）二一二联防训练

训练时守方运动员以 5 名队员在防守区域站位，站位方法为二一二排列。训练时 1 名攻方队员在防守区域配合进攻，进攻时绕过左翼或右翼蛇形跑动，攻击大本营。守方区域 2 名队员防守时左右兼顾阻击攻方队员，当攻方队员躲过守方 2 名防守运动员后，守方防御区中线队员迅速出击，将攻方运动员击中在防守区域中部，如攻方队员再次突破时，快速越过中部防守区队员，守方另外 2 名运动员快速阻击，将攻方运动员击中在防守区域，阻断进攻。

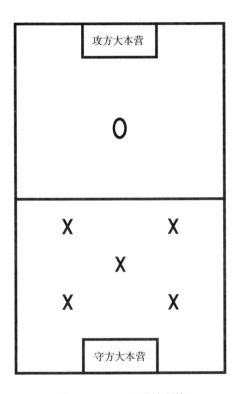

图 6-15　二一二联防训练

注：○为攻方队员；×为守方队员。

第三节　青少年国防体育冰雪雪仗训练水平评定

为更好推广国防体育雪仗项目，提高雪仗运动项目技战术水平，实现运动员在赛场上以雪球作为进攻武器时对突发情况技战术表现能力的标准化管理，根据雪仗项目竞赛特点制定以下技战术评定标准，具体包括：垒球投远测试、垒球投准测试、场地 15 米折返跑测试、场地 30 米记时跑测试。

一、垒球投远测试

运动员在测试时手持垒球于肩上，做出投球的预备动作，同时左脚向前迈出一大步，右腿屈膝，持球手向侧后方引球，上臂形成反弓动作，将垒球掷于投掷区内，以投掷垒球距离为衡量标准。

表 6-1　垒球投远测试标准

（单位：米）

等级标准	少儿组	少年乙组	少年甲组	青年组	评定方法
优秀	≥ 25	≥ 35	≥ 40	≥ 45	进行垒球原地投掷
良好	20	32	36	40	
合格	15	25	30	35	
不合格	< 15	< 25	< 30	< 35	

注：少儿组年龄为 10 岁以下，少年乙组年龄为 11—13 岁，少年甲组年龄为 14—16 岁，青年组年龄为 17—20 岁。

二、垒球投准测试

在固定训练区域设立一个高 2.5 米的投掷靶，距离投掷线少儿组为 10 米；少年乙组为 12 米；少年甲组和青年组均为 15 米。垒球靶宽 1.6 米，红色靶心区域直径 0.5 米，蓝色靶心区域直径 1 米，绿色靶心区域长宽均为 1.6 米。训练测试标准分为优秀（红区）得 10 分、良好（蓝区）得 7 分、及格（绿区）得 4 分、不及格（脱靶）得 −1 分。

测试运动员站在投掷线前，手持垒球于肩上，做出投球的预备动作，同时左脚向前迈出一大步，右腿屈膝，持球手向侧后方引球，上臂形成反弓动作，将垒球投向靶位。每名测试运动员可投三次垒球，第一次投垒球击中靶心，后续两次试投不再进行；如第一次未投中靶心，可试投第二次和第三次，以分值最高的靶数记入成绩。

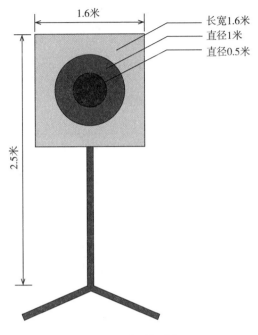

图 6-16　垒球投准靶

表 6-2　垒球投准测试标准

（单位：分）

等级标准	少儿组	少年乙组	少年甲组	青年组	评定方法
优秀	10	10	10	10	进行垒球 原地投掷
良好	7	7	7	7	
合格	4	4	4	4	
不合格	−1	−1	−1	−1	

注：少儿组年龄为 10 岁以下，少年乙组年龄为 11—13 岁，少年甲组年龄为 14—16 岁，青年组年龄
　　为 17—20 岁。

三、场地 15 米折返跑测试

运动员测试需在指定的测试区进行折返跑，测试区长 20 米，宽 15 米。运动员测试时，面向测试方向，有力腿在前，两脚分开与肩同宽或大于肩，

两脚支撑点的距离 40—50 厘米。以左脚在前为例,上体前屈,右臂在前,左臂在后,自然放松弯曲,做起跑预备动作,队员起跑后加速跑至 15 米端线处,脚踏端线后,做原地转身折返跑,快速冲刺到终点。

表 6-3 15 米折返跑测试标准

(单位:秒)

等级标准	少儿组(男)	少儿组(女)	少年乙组(男)	少年乙组(女)	少年甲组(男)	少年甲组(女)	青年组(男)	青年组(女)	评定方法
优秀	7.2	8.3	7.0	8.1	6.8	7.9	6.6	8.0	15 米折返跑
良好	7.6	8.8	7.4	8.6	7.2	8.4	7.0	8.2	
合格	8.1	9.5	7.9	9.3	7.7	9.1	7.5	8.9	
不合格	> 8.1	> 9.5	> 7.9	> 9.3	> 7.7	> 9.1	> 7.5	> 8.9	

注:少儿组年龄为 10 岁以下,少年乙组年龄为 11—13 岁,少年甲组年龄为 14—16 岁,青年组年龄为 17—20 岁。

四、场地 30 米记时跑测试

进行 30 米测试,要求测试运动员站在起跑线外,采用蹲踞式起跑或站立式起跑两种姿势进行。

表 6-4 30 米记时跑测试标准

(单位:秒)

等级标准	少儿组(男)	少儿组(女)	少年乙组(男)	少年乙组(女)	少年甲组(男)	少年甲组(女)	青年组(男)	青年组(女)	评定方法
优秀	6.0	6.5	5.7	6.1	5.3	5.8	4.9	5.6	30 米计时跑
良好	6.5	7.0	6.1	6.4	5.6	6.2	5.2	5.9	
合格	7.1	7.6	6.7	6.9	6.1	6.6	5.8	6.2	
不合格	> 7.1	> 7.6	> 6.7	> 6.9	> 6.1	> 6.6	> 5.8	> 6.2	

第四节　青少年国防体育冰雪雪仗竞赛与裁判

一、竞赛组织

参赛队伍应根据青少年国防冰雪体育竞赛规程要求报名参赛，比赛设15岁以下组、15岁至18岁组，每场比赛参赛人数为5名运动员（含1名女运动员）。比赛采用淘汰赛制决出名次。比赛前各队需统一服装颜色，穿着大赛指定红蓝背心，佩戴赛会指定号码布，佩戴赛会规定的比赛护具(头盔、护脸、手套)。

裁判员开场哨声响起后，双方队员可直接用雪球攻击对方队员，一方队员在比赛规定时间内将对方球员全部击中，则该队获胜，也可以直接冲击对方大本营。一方队员在比赛规定时间内将身体任何部位直接触及到对方大本营的任何区域，则该队获胜。比赛为三局两胜制，时间为每局3分钟，如双方队员在三局比赛中成绩为平局，加赛2分钟。在加时赛中，先击中对方队员的队判为比赛胜利。

二、竞赛裁判

（一）裁判设置

竞赛中裁判人员设置共计22人，其中：技术代表1人；裁判长1人；副裁判长1人；仲裁员3人；每组裁判员8人(主裁1人、边裁4人、计时员1人、记录员1人、技术裁判1人)，共设置两组裁判员。

（二）裁判手势用语或旗语

图 6-17　执裁动作示范——准备

图 6-18　执裁动作示范——开始比赛

向前摆动

向后摆动

图 6-19　执裁动作示范——出界

图 6-20　执裁动作示范——击中（罚下）

图 6-21　执裁动作示范——获胜（指向获胜场地）

第 七 章

青少年国防体育冰雪抢滩登陆

抢滩登陆战是人类古老的战斗形式，历史悠久。古希腊、古埃及、古波斯等地中海沿岸国家在战争中就实施过抢滩登陆。进入 21 世纪后，登陆战仍是海战中重要的作战形式。抢滩登陆作战是通过统一指挥对据守滩涂、海岸和海岛的敌方阵地进行攻击的作战方式，目的是通过抢滩登陆突破敌方抗登陆防御，夺取对方狙击防御的战术登陆场，为后续集团登陆创造条件。冰雪抢滩登陆项目正是受军事两栖登陆战的启发，结合冰雪运动项目特点而创设的青少年国防冰雪体育团队竞赛项目。通过竞赛可以增进青少年的团队意识、战术意识、国防意识，实现青少年体魄锻炼及全面发展。比赛方式是两支参赛队伍乘冰龙舟快速滑行，队员协调一致，同步滑进，当抵达滩涂和丛林区后迅速抢位射击，采用单轮淘汰制，各队以总完赛时间作为比赛最终排序依据。

第一节　青少年国防体育冰雪抢滩登陆装备与场地

一、竞赛装备

（一）冰龙舟

龙舟长度 8 米（包括龙头和龙尾）、宽 0.5 米，座位距离 55 厘米。每条龙舟必须有统一规格的龙头、龙尾、锣架、鼓和鼓架。各条龙舟的撑钎颜色必须统一，撑钎长 1 米。掌舵用的舵桨也有规定，长度为 2.5 米，桨叶长 55 厘米，桨叶前沿宽 24 厘米，上端宽 22 厘米。

图 7-1 冰龙舟

（二）激光枪

参见第三章第一节冰雪丛林野战装备介绍。

二、竞赛场地

冰雪抢滩登陆赛场地设置在自然冰雪湖泊和冰雪丛林中进行。自然湖面长度约 500 米，宽度不少于 50 米（见图 7-2）；湖面尽头需具备丛林区域或者人工设置的丛林区域。比赛场地在冰雪湖泊上设两条长 200 米、宽 10 米的冰雪突击赛道，以冰雪湖面竞赛控制区端线中心点为轴，以 50 米为半径画弧，画出冰雪滩涂竞赛控制区。比赛场地周边距竞赛场地边线 5 米处每隔 10 米设置标志旗为竞赛控制区。

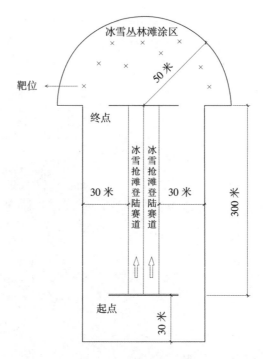

图 7-2　冰雪抢滩登陆赛场地

图 7-3　冰雪抢滩登陆场地实拍

第二节　青少年国防体育冰雪抢滩登陆训练方法

一、青少年国防体育冰雪抢滩登陆技术训练

（一）冰龙舟基本滑行姿势

坐姿时身体前倾势，核心部位收紧，目视滑行方向。训练时要按照基本姿势进行低速的重复训练，使基本姿势形成动力定型。从低速滑行开始，在保持稳定滑行基本姿势的基础上进行加速练习，从而达到速度稳步提升目的。

图7-4　冰龙舟基本滑行姿势

（二）撑钎技术

运动员以坐姿基本滑行姿势坐在冰龙舟上，单数运动员撑钎时右手在上，左手在下，双数运动员左手在上，右手在下，撑钎时双手握距为55

厘米,上体自然前屈,形成撑钎预备动作。竞赛哨声响起,运动员撑钎的高把位手摆动时以肩带动上臂带小臂依次做快速撑冰鞭打动作,完成撑冰技术。

冰龙舟滑行撑钎节奏对比赛成绩的取得有直接影响。训练时要求全队协同配合,按照撑钎滑行的基本技术要求进行,领航指挥员挥动旗语或高喊口号,步调一致完成撑钎滑行动作,撑钎时手臂前摆速度要快,向后撑动要充分,完成轮摆撑钎滑行,实现鞭打效应。训练要以低速滑行为启动节奏,滑行一定距离后进入中速滑行训练阶段,最后实施高速滑行。

不具备冰面训练条件时,可将每名运动员的撑钎底部用橡皮带固定在地面上,按照冰龙舟滑行的基本技术要领进行撑动频率及撑动同步性训练,提高撑钎专项技能。

(三)射击技术

冰雪抢滩登陆与冰雪丛林野战中的射击技术训练要求相同,不同的是,想在冰面滑行中达到预期的射击准确度,难度更大,因此在训练时要从难从严要求参赛队员。

二、青少年国防体育冰雪抢滩登陆战术训练

战术是用合理的技术、体能、心理分配竞技体能,根据对手的竞技能力表现特点,重点布置和策划个人或团队在比赛中竞技体能的表现,充分发挥自身特点,圆满完赛。

(一)匀加速战术

匀加速战术是抢滩登陆比赛中具有实效性的技战术。参赛运动员在比赛中要根据团队的体能均匀分配体力。起动阶段需要运用爆发性前撑技术,身体前倾背部放松,加大撑冰力度,提高撑冰频率,减少送钎动作，领航舵手指挥口令均匀、有力、节奏快，加强前撑，使滑行速度快速提高，在保持冰上滑行速度的基础上，使冰龙舟处于匀加速状态，保持体能，节奏明显，速度均匀，撑送摆放松自如，技术完整。进入最后100米冲刺阶段，突出前撑技术，加大撑冰力量，抵达滩涂前沿。比赛采取匀加速战术是对运动员体能的综合测试，这种战术对撑钎起动技术要求较高，爆发力强，频率节奏快，消耗体能大，节奏单一，容易掌握，适合于初学者。

（二）等距间歇战术

等距间歇战术突出均等段落加速，均等段落保持速度，再均等段落加速，进入最后冲刺阶段，快速滑进抵达滩涂前沿。等距间歇战术要求运动队必须具有较强的协同力、较强的技战术能力、较强的综合体能、较高的平均速度，较强的撑钎节奏，一般适用于训练年限较长，队伍素质较高，具有比赛经验的运动队。以500米冰道滑行为例，比赛开始时要求队员利用爆发性快速起动技术，使冰龙舟迅速移位至高速行驶，滑行至100米处保持速度，节奏平稳，突出撑钎综合技术，送摆放松自如，此时的速度略有平稳下降。滑行到第三个100米段落再次均速发力提高节奏，300—400米这一段落冰橇滑行技术要领与第二个100米相同，目的是调整好节奏和体能，400米滑行完成后发起最后冲刺，该阶段要求节奏有效、爆发力强、突出前摆下撑技术，全力提高频率，保持体能，冲刺滑行到终点滩涂。

三、不等距间歇战术

不等距间歇战术是抢滩登陆比赛过程中战术意识较强的滑行竞赛战术。竞赛中以爆发性前撑技术开始，撑摆技术快节奏至冰龙舟高速行驶，滑行中运用综合撑钎技术加大前摆、撑冰、送钎的技术动作，这种战术适合于竞技水平高、比赛经验丰富、综合素质较高的运动队。以500米冰滑道为例,0—

100米要求队员利用爆发性前撑快速起动技术，使冰滑艇迅速移位至高速行驶，滑行至100米处保持速度，节奏平稳，突出撑钎综合技术，送摆放松自如，此时的速度略有平稳下降滑行至150米。150—300米采用快节奏高速撑钎综合技术完成滑行动作，加强撑送摆节奏。冰滑艇滑行至300—350米段，技术要领同100—150米段的冰滑艇滑行技术（此段落根据运动队的体能和技战术综合能力也可滑行至80米）。350—500米段发起最后冲刺滑行，要求身体前倾放松自如，爆发力强，节奏有效，突出前摆撑冰技术，提高频率，冲刺滑行到终点滩涂。

四、终点冲刺战术

比赛时前60米采取爆发性前撑技术，身体前倾背部放松，加大撑冰力度，提高撑冰频率，减少送钎动作，领航舵手指挥口令均匀、有力、节奏快，加强前撑使冰龙舟速度快速提高，在保持冰上滑行速度的基础上，冰滑艇处于匀加速状态，此时的技术撑送摆放松自如，节奏明显，保持体能，加速均匀，技术完整。滑行至350米处进入最后150米冲刺阶段，终点冲刺战术表现力强，突出二次爆发，领航舵手采用高亢口号全队同呼，身体前倾放松自如，加大撑冰力度，快速滑进，充分运用快速撑钎技术，节奏有效，突出前摆撑冰，提高频率，高速抵达滩涂前沿。

第三节　青少年国防体育冰雪抢滩登陆训练水平评定

一、等动力量测试

听到裁判员发出开始口令后测试开始，运动员两臂快速在体前沿身体两侧向后下方做快速等动牵拉练习，反弹后再次牵拉，以此完成等动牵拉动作。

表 7-1　等动力量测试标准

（单位：次）

等级 标准	少儿组 （男）	少儿组 （女）	少年 乙组 （男）	少年 乙组 （女）	少年 甲组 （男）	少年 甲组 （女）	青年组 （男）	青年组 （女）	评定 方法
优秀	20	15	30	25	40	30	45	35	等动牵 拉测试
良好	12	8	20	16	30	25	35	27	
合格	8	6	16	12	25	20	27	23	
不合格	< 8	< 6	< 16	< 12	< 25	< 20	< 27	< 23	

注：少儿组年龄为 10 岁以下，少年乙组年龄为 11—13 岁，少年甲组年龄为 14—16 岁，青年组年龄
　　为 17—20 岁。

二、场地记时跑（少儿组 30 米，少年乙组、少年甲组、青年组 50 米）

运动员进行 50 米（少儿组 30 米）场地计时跑测试，要求测试运动员站在起跑线外，采用蹲踞式起跑或站立式起跑两种姿势进行。

表 7-2　场地 50 米计时跑测试标准

（单位：次）

等级 标准	少儿组 （男）	少儿 组 （女）	少年 乙组 （男）	少年 乙组 （女）	少年 甲组 （男）	少年 甲组 （女）	青年组 （男）	青年组 （女）	评定 方法
优秀	6.0	6.5	7.9	8.8	7.6	8.6	7.3	8.3	计时跑
良好	6.5	7.0	8.5	9.6	8.0	9.3	7.7	8.7	
合格	7.1	7.6	9.3	10.4	8.6	9.8	8.3	9.3	
不合格	> 7.1	> 7.6	> 9.3	> 10.4	> 8.6	> 9.8	> 8.3	> 9.3	

注：少儿组年龄为 10 岁以下，少年乙组年龄为 11—13 岁，少年甲组年龄为 14—16 岁，青年组年龄
　　为 17—20 岁。

第四节　青少年国防体育冰雪抢滩登陆竞赛与裁判

一、竞赛组织

青少年国防体育冰雪抢滩登陆赛的开展应根据青少年国防冰雪体育竞赛规程组织与实施。比赛设少年乙组（15岁以下）和少年甲组（15岁至18岁）。

每场比赛每队选报5名运动员（4男1女）参赛，比赛时每队必须选用竞赛组委会指定的5座冰龙舟和激光枪参赛。参赛队员按竞赛规定在冰龙舟上待命出发，起点裁判员鸣枪发令后抢滩登陆开始。

比赛开始后，每个突击队必须在赛会指定的300—500米的冰雪赛道上进行冰龙舟突击比赛，撑冰龙舟到达终点后，突击队员急速离开龙舟抢滩登陆，并在指定的山地冰雪滩涂射击区急速射击10个指定靶位，每名队员可击发1次，首先完赛的队胜出。

冰雪抢滩登陆赛比赛采用单败淘汰制，以完成比赛的总时间进行排名，如出现并列情况，则通过两队各派1名队员进行计时射击比赛，两名队员各射击5发子弹，首先比较射中靶位数量多者获胜，如射中相同，则完成设计时间少者获胜，如不能区分，则再进行下一轮比赛，直至区分胜负。

二、竞赛裁判

（一）裁判设置及数量

比赛设置的裁判员如下：仲裁员3人；技术官员2人；技术代表1人；裁判长1人；副裁判长2人；检录长1人；检录裁判员4人；起点裁判长1人；起点发令员1人；助理发令1人；起点裁判员4人；检查员4人；终点裁判长1人；终点裁判员2人；终点记录员1人；终点记时长1人；终点记时员6人；射击区裁判长1人；射击区裁判员6人（含验靶裁判员2人、竞赛裁判员4人）；射击区检查员5人。

（二）裁判手势用语或旗语

冰雪抢滩登陆竞赛裁判手势或旗语与冰雪丛林野战竞赛裁判手势或旗语相同，具体内容参见第三章第四节。

第 八 章

青少年国防体育冰雪军事五项

现代军事五项又被称为"超铁人运动"，由山地越野滑雪、手雷投准、单人冰橇滑行、冰上射击、武装越野组成。这项运动是集挑战性、残酷性、可变性、创造性的军人素质测试项目，是各国军队提高战斗综合素质的手段。

国防体育冰雪军事五项是受到军事五项启发，把山地越野滑雪、手雷投准、单人冰橇滑行、冰上射击、武装越野有机融合，创新开展的一项新型青少年冰雪体育运动项目，是青少年国防体育冰雪项目中最具有挑战性的运动项目。项目通过越野滑雪技巧、投弹准确判断力、冰橇滑行控制力、射击精准静态制动力、武装越野滑雪耐力等一系列综合考验，锻炼青少年身体素质和体能体魄，磨炼青少年优秀品质和坚强意志，激发广大青少年爱国热情，增强国防意识，培养有灵魂、有本事、有血性、有品德的新一代青少年。

国防体育冰雪军事五项是我国黑龙江省国防冰雪运动开展较好的冰雪军事项目，具有较好群众基础。近年来曾多次举办全国和黑龙江省国防体育冰雪大赛，深受广大青少年青睐，冰雪军事五项竞赛与训练一直遵循国防教育为主体，体育、教育为两翼的前行竞训机制，发展速度快，目前已形成体教结合、体企联姻、教企合作、共筑国防的工作模式。

第一节　青少年国防体育冰雪军事五项装备与场地

一、竞赛装备

国防体育冰雪军事五项与冰雪冬季两项的装备器材大部分相同，包括滑雪板、滑雪鞋、滑雪杖、滑雪服、滑雪头盔、滑雪手套、滑雪镜、激光枪等，此外，冰雪军事五项运动员的竞赛器具还有冰橇、携行具、伪装服、手榴弹。

（一）冰橇

冰橇是用铝合金材质生产的一种轻质现代化的冰上娱乐用滑行健身器材。由组委会按照国防体育赛事标准统一定制（见图8-1）。

图8-1　冰雪军事五项竞赛冰橇

（二）携行具

携行具之一战术背心是士兵穿戴在外部的、用于增加各种弹药携带数量的装备，选用优质军规尼龙织带，具有耐磨、轻便等特点。本次比赛中所使用的携行具是根据比赛特点所定制生产的比赛用携行具（见图 8-2）。

图 8-2　比赛用携行具

（三）伪装服

比赛会配发白色军事伪装服（见图 8-3）。

图 8-3　白色军事伪装服

（四）手榴弹

一般军事用手榴弹由弹体和引信（发火件）两部分组成。弹体形状通常为圆柱形、卵形和桶形。有的还有手柄，弹体内装炸药或其他装填物。手榴弹有卵形手榴弹（无柄）和木柄手榴弹两大类，有反步兵、反坦克手榴弹，以及发烟手榴弹、燃烧手榴弹等特殊弹种。比赛使用的手榴弹为模拟军事手榴弹而定制的卵形手榴弹（见图8-4）。

图8-4 卵形手榴弹（无柄）模型

二、竞赛场地

国防体育冰雪军事五项比赛在山地户外越野雪道、自然冰雪湖泊和冰雪山地丛林中进行。

滑雪需在中级以下滑雪道完成，回转场地设置在初级雪道区域，线路长500米，回转旗门间距为18—22米左右，横距5—8米。冰橇滑行需要在自然湖面完成，自然湖面长度500米，宽度不少于50米。在冰橇滑行区域中间段设置有起倒靶位的靶场。

手榴弹投掷场地区域设置投掷距离为15—25米（根据年龄组划分），直径为2米的环状地标靶，地标靶中心区直径为0.5米（红色区域）。

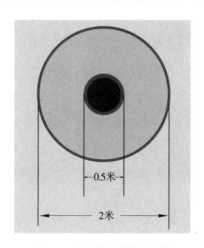

图8-5 手榴弹投掷地标靶

183

第二节　青少年国防体育冰雪军事五项训练方法

一、冰雪军事五项技术训练

（一）雪上滑行传统技术

雪上滑行技术有多种，例如平地滑行（包括两步交替滑行、同时推进滑行、跨一步同时推进滑行和跨两步同时推进滑行）、登坡滑行（包括缓坡登滑、陡坡登滑）、转弯滑行、滑降、滑降转弯。

1.平地滑行

（1）两步交替滑行

两步交替滑行是运动员的脚与手交替各做两次蹬动及撑杖动作而构成的一个周期性滑行方法。这在传统技术中是利用率最高的滑行方法。

两步交替滑行时，蹬动支撑腿自由滑进转入停板期，立刻伸直髋关节，开始蹬动。腿部用力几乎是垂直向下的，膝关节蹬直时用力最大。蹬动时尽量使全脚掌用力。

撑杖开始时，应屈臂，撑动方向尽量向后，而不是落在雪杖的轴心上，以便尽量利用向后的水平分力，产生较大的推进力，使雪板加速前滑并增大步幅。身体左右晃动过大或撑杖方向外斜过大都是不正确的。撑杖将结束时，用手继续推握把，以达到充分撑杖的作用。撑杖结束后，应张开手指并放松，以便用拇指和食指带动雪杖向前摆动。

摆腿蹬动结束时，将小腿适当地高抬，使脚尖距雪面15—30厘米，这样有利于向前摆腿。加快摆腿的速度可产生更大的动能，有利于前冲。摆腿与对应手的插杖几乎是同时开始的。当摆腿达到与支撑腿相并立的部位时，尽量缩小膝关节的弯曲度，以便增加步频。向前摆腿时，支撑腿还应积极地向前送髋，这样既可以提高摆腿和蹬动的幅度，也不会使重心滞后。

摆臂是两次撑杖之间的动作。撑杖结束后，摆动臂的手部要接近膝关节高度。完成摆臂时，身体要有较小的转体动作，以增加摆臂的幅度和撑杖距离。

自由滑进蹬动及撑杖结束后，身体重心应平稳地移至支撑板上并自由前滑。在雪板滑进时，身体切忌做向上的加速动作，否则将产生向下的压力而加大对雪面的摩擦力。

插杖在雪杖插到雪面以前，前臂上抬，使手与下颌平齐或略高，杖尖也略高于雪面，以便利用身体重力将雪杖插入固铁前靠近雪板并向后推撑。

在整个两步交替滑行的全过程中，上下肢要做到用力与放松交替，上体前倾，目视前方6—7米处。

（2）同时推进滑行

运动员双板平行，只靠双杖向后推撑的力量使雪板向前滑进的方法。这种方法适用于平地滑行和缓坡滑行。

滑行全过程可分为两个阶段，即撑杖滑行阶段和惯性滑行阶段。运动员两臂放松，双手向前摆至头部高度，杖尖插向板尖处，最后杖尖落至脚尖前部。当杖尖着地后，要将身体前俯的力量通过肩、臂及手掌加在推撑杖上。为了加大向后推撑的水平分力，当双手将推至腿部时，应尽量弯腰屈膝，使推撑手的高度降至膝部以下，这样效果会更好。撑杖结束后，双臂后上摆，手指张开放松。随着上体的抬起，带动双臂向前摆动。在两杖反复推撑过程中，两膝配合做相应的屈伸动作，以维持滑进中的身体平衡。

在平地或缓下坡，为加快速度，可用此滑行方法。为节省体力，或者感到疲劳时，在下坡滑降时可用此方法。当滑进的速度大于双杖向后撑动的速度时不宜使用此方法，因为运动员容易因为找不到支点而来不及撑杖。

（3）跨一步同时推进滑行

在同时推进滑行的基础上，要进一步加速，可在撑杖之后向前摆杖时，用一只脚加力蹬动，同时重心移至另一支板上滑行。如此撑杖与蹬动有节奏地反复进行。两板平行向前惯性滑进，当双臂向前摆至头部高度时，上体前俯下压插杖，接着双手进行有力的撑杖。撑杖结束，上体抬起并带动双手前摆，蹬动脚开始蹬动，同时将身体重心移至另板上向前滑进。蹬动与撑杖应有节奏地交替进行，这样既可以省力，又可以调整呼吸。平地或缓下坡推进滑行中，需要加速或调整呼吸时，可用此方法；滑进中要调转方向时，也可用此方法。

（4）跨两步同时推进滑行

在两脚交替各进行一次蹬动之后，接着再进行一次同时推撑的周期性滑进动作。在第一次蹬动的同时，对应手向前摆杖，但不落地，而是在空中稍等。待第二次蹬动时，再将双杖同时插地，然后推撑。

2.登坡滑行

平地滑行和登坡滑行有很大的区别。登坡时要调动大腿肌肉完成动作，增加使身体向上的做功。运动员要根据坡度的急缓和雪质的不同选择不同的登滑技术。在登坡时还须注意节省和合理分配体力，勿使身体感到过分疲劳。

（1）缓坡登滑

a.两步交替滑行登坡

在坡度较缓、雪板不能自行下滑的雪面地段，可采用两步交替登滑。

上坡时上体应稍直立，以减少水平分力的损失，有利于登坡，上坡时摆腿与平地不同，摆腿的时间要缩短，而且更加用力。为了节省体力，膝关节要更屈些。插杖要轻，落点要向后移，肘关节伸直要晚些，手要明显高于膝关节。撑杖结束之后，手不要向后上方摆。撑杖的时间要比平地长，因而撑杖要比蹬动结束得晚。撑杖主要的作用是支撑身体，防止下滑。有效的撑杖还会加大步幅。蹬动的时间比平地滑要长，蹬动后脚部不要高抬，以免影响向前摆动。摆臂应及时开始并快速完成。摆动的手臂摆至腿部时，肘关节要屈而且要摆得稍高些。

b.缓坡斜线登坡

遇到稍陡些的地段而且幅面较宽时，可采用两步交替斜线登滑的方法，以避免消耗更多的体力。当登滑至一定的宽度时，可转向另一侧，如此反复，成为"之"字登滑。

斜线登滑基本动作与直线登滑相同，但路线方向为斜前方。斜登时，利用两板山侧刃部，使之卡住雪面向前蹬撑，防止下滑或侧滑。插杖要落在两脚前后的中间地点，勿过分向前落，后杖要在腰后支撑住，防止下滑。

（2）陡坡登滑

a. 八字登坡

两步交替登滑时，遇到较陡且窄的地段时，可用八字登坡方法，即将两板尖或板尾向外展开，并利用两板的内刃卡住雪面，直线向上登行的方法。

两杖均放在身后，微俯撑住身体，以防下滑。向前迈步时，可重叠但勿踏在另一支板尾部，重心要及时跟上。左板负重时，右手撑杖，右脚向前迈步。坡度更陡时，两板展开可更大些，最大可开至 70 度角。

b. 阶梯登坡

向上登坡如遇到 10 度以上的坡度时，可采用阶梯登坡方法。

身体侧向坡面站立，两板平行。用两板的山侧刃部卡住雪面，从山侧脚开始，依次向上做侧跨步登行。用雪杖撑住身体，勿使雪板下滑。谷侧板插杖点要靠近雪板，用以阻挡雪板的下滑。两板与上坡方向要垂直，以防斜向下滑。当谷侧板蹬动后，山侧板要迅速向山侧跨迈一步，两杖要配合板的动作。

3. 转弯滑行

由于滑行速度较快，在平地转弯时，要防止身体由于离心力作用而被甩出线路雪槽以外，因此，上体须向内侧倾斜。蹬动与撑杖时滑步距离不宜过长，以免被判为自由技术滑行。保持速度，身体向转弯的内侧圆心倾斜。内侧板移动向前滑，外侧板向外侧蹬动，雪板滑行距离勿过长，以免判为蹬冰式滑行而犯规。内侧雪杖向后、外侧雪杖向外撑推。外侧雪板向外蹬动后，迅速摆回至内侧板旁，接着开始下一个动作。

4. 滑降

（1）直线滑降

越野滑雪比赛线路中有 1/3 是变化的下坡，有时也会遇到较陡的短急坡。由于越野滑雪板本身较窄，不适于高速滑降，必要时先进行减速滑行。

缓坡直线滑降时，上体微倾，全身放松，双板间距 15 厘米宽，膝、踝关节稍屈。身体重心应平均落在两板脚跟部位。两臂放松，微向前抬起，杖尖接近地面。通过斜坡与平地的连接部（山脚）时，两脚应前后成弓箭步分开，以平稳的姿势着地。

（2）斜线滑降

遇到较陡且长、幅面较宽的坡面地段时，可采用斜线滑降的方法。两板间距 15 厘米左右，山侧脚前出半脚距离，两膝倒向山侧成外倾姿势（全身成"＜"形姿势）。体重按山侧脚、谷侧脚 4∶6 的比例落在双板上，两臂微向前抬起。两板均用山侧刃，斜向下滑，勿使雪板横向下滑。下滑至预定地点，再变换方向继续滑，全程呈"之"字路线形状滑下。

（3）横板滑降

按斜线滑降姿势站好，用屈膝下落的力量推动雪板下滑，两板用刃要缓，以便减少下滑阻力。体重稍前移，可使双板斜向前横滑降。下滑过程中，不要将上体转向谷侧。

（4）犁式滑降

滑降时遇到较陡的坡，或下坡过程中速度越来越快时，可能会出现险情，此时可采用犁式法继续滑降。从外形看，分开尾部的两板类似农民耕田的犁头，故称为犁式滑降。膝关节微屈，两板尾部分开，用两板的内刃适当调整下滑速度。通过分开角度的大小和用刃的深浅控制滑降速度。遇坚硬的雪质坡面和需较长时间下滑时，可将两杖插在两腿间，以坐姿控制滑降速度。

（5）加速滑降

在越野滑雪比赛中，速度是制胜的根本因素。最基本的增速方法是使全身成为流线型或低姿势滑进。

流线型：全身低屈，背部放松成弧形，双肘回放于膝下两侧，低头向前看。

低姿势：用流线型姿势感到疲劳时，可使小腿稍直立，两肘置于双膝上，头部稍抬起。这种姿势在比赛中运用较多。

5.滑降转弯

运动员在滑降过程中，遇有需要转弯的地段，首先要看地形及雪质，综合考虑速度和安全两个因素，然后决定用哪种方法。

（1）犁式转弯

在犁式下滑的基础上，通过髋关节的左右移动，使重心落在一支板上并用内刃，另侧板刃放平，使身体转向不用刃的板侧。左右可以随意变换。两脚分开后，体重移至右脚并立内刃蹬雪，左板成平刃滑行，两臂张开保持平衡。犁式转弯方法是其他转弯方法的基础。

（2）跨步转弯

在较缓的坡面下滑时，先向要转的一侧斜跨一步（成剪形），另一脚随即跟上，两板再平行前进。如此反复几次，即可转至要变换的方向。把重心移至要转向的外侧板上，并向内侧蹬动；另一板向斜前方跨出一步（成剪形）并承担体重前滑，蹬动脚立即向内侧板靠拢，成双板平行前进。再将重心移至外侧板上，再跨内侧板。如此反复即可达到要转换的方向。

（3）双板平行转弯

运动员在缓坡或稍陡坡可用双板平行下滑状态流畅平稳转弯。双板平行滑降至转弯时，先将双膝向外侧压并用刃，将内侧杖插入脚尖前，并以此为支点使身体转向内侧。这一过程是通过双腿用力伸直，重心上提再转体而成。当重心下降时，双板用平刃着雪，脚跟部用力下压以配合转身，要避免外侧脚过分负重，全身呈外倾。

（4）双板连续小转弯

与双板平行转弯基本相同，只是转弯较小、频率较快并连续进行，多在陡且窄的坡面地段减速时使用。膝部的屈伸要及时、有力并富有弹性，以便于转身换刃。双板共同承担体重，勿使脚跟与板离开。

（二）雪上滑行自由技术

自由技术的滑行动作属于周期性运动，由自由滑进、单腿支撑蹬动双腿支撑蹬动、收腿摆腿、雪板着地四个动作组成，完成动作时分为单双腿支撑四个时期。自由技术滑行的动力主要是腿部蹬动力及臂部推撑力。蹬动的用力方向应与支撑的纵轴方向垂直，即运动员支撑板的滑进是蹬动力的反作用力方向与支撑板滑进方向的合力方向。

1. 转弯滑行

运动员在进行转弯滑行时受到离心力的作用与影响。离心力的大小与转弯的半径成反比，与体重和速度平方乘积成正比，即离心力 $=\dfrac{MV^2}{R}$（M：质量，V：速度，R：弯道半径）。

运动员在进行转弯滑行时，应双板平行蹬动并将身体向弯道圆心侧倾倒。内侧板沿弯道切线方向滑进，并时刻调整方向，勿远离圆心，外侧板应按弯道的法线方向向外侧蹬动，同时需要加快频率，以便与内侧板相配合，变换转动方向。

2. 两步一撑蹬冰式滑行

两步一撑蹬冰式滑行被广泛应用于平地及缓坡滑行，这种滑行技术很容易掌握，节奏性也较强。右板向前滑进并利用内刃进行有效的蹬动，接着将重心移到左侧板上并承担体重向前滑行，同时两侧杖推撑，但左侧杖的推撑力要大于右侧杖。这种滑行方法连续若干次后，应调换至另一侧开始，如此再重复。

3. 一步一撑蹬冰式滑行

这种滑行方法在平地或较缓的坡地都可运用，短距离加速时也可用。运动员在双杖推撑的同时，右脚蹬动并移重心至左板。左脚向前滑进，右脚蹬动后向左板靠拢。自由滑进的左脚再蹬动，同时开始撑杖。

4. 蹬冰式滑行

运动员在平地或缓下坡地段，两腿按速度滑冰方法蹬动与滑进，双手虽持杖但不使用，只是配合腿部动作而摆动，或将两杖夹在腋下而不摆动。运动员在一侧腿蹬动后，身体重心必须移到滑行腿板上，使之延长自由滑进距离。上体放松前倾成弧形，以减少空气阻力。膝关节尽量弯曲，小腿与地面夹角以 70—80 度为宜。蹬动方向应与雪板纵轴垂直，出板角度应尽量缩小。在平地及缓坡，当滑行速度达到 7.5—8 米 / 秒以上时，应运用此种滑法。

5. 单蹬式滑行

这是一种在平地或缓坡滑行时的有效方法。运动员用右腿雪板内刃向侧后方用力蹬动，两杖同时向后推撑。蹬动结束后，重心移向左侧板并承担体重向前滑进，双杖同时前摆。左板向前滑进一段距离后，重心向右倾，右板着地后，准备再一次蹬动，两杖前摆插地。右脚准备再一次蹬动，两杖插入板尖两侧。

6. 登坡滑行

（1）两步一撑蹬冰式滑行登坡

两步一撑蹬冰式滑行登坡是上坡滑行常用的方法，它在不同角度的坡面均可运用。上坡时步频不需要明显加快，由于膝关节弯曲度大，登行效果也好。两杖用力不同，滑行板侧用力较大，插杖也不对称。随着坡度的增大，两步一撑第一步滑行距离较短，往往只起到过渡作用。

（2）交替蹬撑滑行登坡

运动员蹬动及撑杖的配合与两步交替滑行一样，只是两脚的蹬动与滑行方向不同。登坡时，随坡度变化，动作节奏和每步滑行距离也有变化。平地滑行条件好时，每步的滑行距离长一些。

7. 滑降与转弯滑行

在自由技术滑行中，滑降与转弯滑行的技术方法均与传统技术的滑降与转弯滑行技术方法相同。但因越野滑雪板的宽度与高山板不同，雪鞋后跟部也不固定在板上，速度快时不易控制，容易失去平衡。所以必要时要先控制速度，以防失去平衡。

（三）冰橇技术

1. 基本滑行姿势训练

坐姿时身体前倾，核心部位收紧，目视滑行方向。训练时要按照基本姿势进行低速的重复训练，使基本姿势形成动力定型。

2. 滑行适应性训练

从低速滑行开始，在保持稳定的滑行基本姿势的基础上进行加速练习，从而达到速度稳步提升的目的。

3. 撑动节奏训练

撑动节奏需要注意两个问题：一是手臂前摆速度要快；二是手臂的向后撑动要充分，实现鞭打效应。

4. 撑动频率训练

通过徒手练习，从慢到快提高撑动频率；通过等动训练、坐姿皮筋牵引，强化频率；在冰橇滑行中进行频率强化训练。

（四）投手榴弹技术

根据不同的任务需求及手榴弹的不同使用场合，投掷手榴弹训练可分为立姿投掷、跪姿投掷、卧姿投掷、抛投或甩投等，一定条件下可助跑投掷以延长投掷距离。

投掷手榴弹不仅是为了远度，更是为了精准，所以不单纯地追求力量。从实战角度出发，无论是进攻还是防守，投掷手榴弹的目的是利用手榴弹的杀伤破片或钢珠等爆破杀伤破坏途径炸散敌人的阵形，削弱敌人的进攻能力，达到战胜敌人，取得胜利的目的。

在投掷训练时，首先要做好热身运动，避免肌肉拉伤等情况的发生，热身运动以上肢力量练习为主，充分的热身活动有利于胳臂肌肉群处于最佳运动状态。热身之后进行原地适应性训练，按照撤步引弹、转体挺胸、蹬地送胯、挥臂扣腕的投掷训练要求，在立正站立的基础上，右脚后撤一小步，步幅略与肩同宽，将持弹的右手臂引向侧后方，然后向前挥动，利用大臂带动小臂，在弹体与身体趋于垂直也就是弹体最佳投掷角度时，借助身体的转体挺胸、蹬地送胯的力量，将手榴弹投出。

（1）握弹。握弹手小指垫在弹柄下面，用拇指、食指、中指和无名指顺弹柄握住。

（2）持弹。分取弹、持弹、引弹，手榴弹投掷，首先要掌握正确的投弹姿势。右脚先后退一小步，步幅略与肩同宽，同时右手将弹由体前经体侧引向后方，右臂自然伸直，弹体略比右肩底，身体左侧正对投弹方向，左小臂自然屈于腹前，左腿伸直，右腿弯曲，上体侧后仰，身体重心大部分落于右脚。

运动员听到"引弹练习，准备"的口令后，右手取弹，将手榴弹置于右肩前；当听到"一"的口令后，按要领将弹引向后；当听到"二"的口令后恢复为准备姿势；听到"停"的口令后，恢复成立正姿势。

（3）投弹。完成引弹动作后，右脚迅速向后用力蹬地，伸直右腿，同时向前送胯转体，挺胸抬头，以大臂带动小臂用力挥臂，当挥臂过肩时，左脚迅速蹬地，猛收腹，扣手腕，将弹向目标方向投出。

取弹　　　　　　　　　　持弹

引弹　　　　　　　　　　投弹

图 8-6　手榴弹投掷连贯动作（以木柄手榴弹示意）

运动员要进行重点训练蹬地送胯、挥臂扣腕，训练步骤和方法如下。

1.蹬地送胯转体练习

训练口令：蹬地送胯转体练习准备，一，二，停。

动作要领：当听到"蹬地送胯转体练习准备"的口令后，右手按要领将弹引向后方，成引弹姿势，听到"一"的口令后，右脚迅速蹬地，同时向前送胯转体，将胸部转正对向投弹中心线，听到"二"的口令，恢复成引弹姿势，而后按"一、二、一、二"的口令反复练习，听到"停"的口令后，恢复成立正姿势。

图 8-7　蹬地送胯转体练习

主要解决的问题：蹬地不确实，转地不到位。

训练方法：个人体会、辅助练习（可分组进行，或单个教练）集体训练。辅助练习方法主要有三种：（1）两人结对练习；（2）结合腰带练习；（3）结合背包进行练习。

2.挥臂扣腕练习

训练口令：准备，一，二，三，停。

动作要领：当听到"挥臂扣腕练习，准备"的口令时，按要领将腰带置于右肩前，听到"一"的口令时，完成引弹动作，听到"二"的口令时，右脚迅速蹬地送胯转体，挺胸挥臂，右脚顺势往前滑，此时身体成反弓形。当听到"三"时，以大臂带动小臂，用最大的力量挥臂扣腕，将弹向上翻，当过肩膀时，左脚用力蹬地，同时收腹，猛扣手腕将弹投出，完成挥臂扣腕动作。听到"停"的口令后，恢复成立正姿势。

图 8-8　挥臂扣腕练习

主要解决的问题：投掷过程中挥臂路线和小臂投弹以及扣腕时机掌握不好。

训练方法：集体练习、分组辅助练习、单个教练。

（五）射击技术训练

训练时着重提升射击准度、射击精度及射击距离，基本技术的训练包括持枪、举枪、出枪、瞄准射击等，训练方法见第三章第四节。

（六）冰雪体育军事五项技术训练方法

1.专项训练

（1）滑轮

滑轮训练是在陆地上进行的模仿雪上训练，从而使运动员能在不是雪季的季节依旧进行越野滑雪训练。越野滑轮与雪上技术相似，能够全面发展运动员上肢、下肢以及腰腹等部位的肌肉力量。在坡度不大的平地上运动时，滑轮与滑雪的速度、步长和步频都较为接近。选择坡度大于 5 度，高度不超过 50 米，落差不超过 20 米的坡，进行越野滑雪两种步法训练，即传统式的交替训练及高速滑行，实现技术的巩固与提高。训练路线地形应比通常的地形更加起伏，对不同级别的运动员预先规定的滑轮路线，必须有不同难度的回转道。

（2）冰车滑行

运动员采用跪姿和坐姿两种撑钎滑行方法进行训练。训练时要求运动员跪（坐）在冰车上身体略前倾，双手持冰钎于体侧，目视前方，进入启赛状态。

a.冰车撑冰技术训练

训练开始时运动员要用力做好快速前摆鞭打动作，以肩带上臂带小臂送钎，依次做好送摆动作，完成撑冰。运动员按照撑冰技术要领采用低速慢节奏进行重复性撑冰技术训练，做到摆、压、送动作充分，以正确的滑行技术完成比赛。

b.冰车撑钎等动训练

运动员在陆地利用固定模仿冰车器材进行训练。训练时以跪（坐）姿滑行为基本技术，每名运动员撑钎底部用橡皮带固定在训练场地上，按照冰车滑行基本技术要领进行等动快速撑钎训练，提高冰车滑行撑钎专项技能。

c.冰车启动滑行训练

训练时要重点强化突出快速爆发性撑钎启动技术训练，加快撑钎频率，提高加速度，增强专项能力，完成启动滑行基本动作。

d.冰车途中加速训练

运动员训练时获取充分的启动速度后，在保持滑行速度的同时加大滑行动作幅度，稳步提高途中滑行速度，提升比赛能力。

e.冰车滑行耐力训练

根据运动员训练水平和身体实际情况制定出有针对性的训练计划，训练中采用等距或不等距段落间歇训练提高耐力素质，或采用超长距离中速滑行训练方法提高专项耐力。

f.冰车冲刺滑行训练

训练方法采用多组数等距离或不等距离的等时间歇冲刺练习，提高后程的冲刺滑行能力，保持速度，完成训练。

（3）雪地越野跑训练

雪地越野跑是利用自然冰雪地域进行的一项极具挑战性的运动项目。雪地越野跑多在自然丘陵地带冰雪赛道进行，运动员须选择合适的雪地鞋和耐寒运动服进行训练。

2. 一般身体训练

运动员必须加强灵活性练习，提高综合素质，根据运动项目特点、自身素质特点合理地选择训练方法，让反应速度、动作速度、爆发力、协调性、柔韧性有机结合，实现专项能力的突破。

（1）力量素质训练

力量素质是指肌肉系统活动时克服和对抗外力的能力，肌肉力量是完成各种动作的动力来源。训练中所有运动项目的技术动作掌握均需要肌肉力量去实现，只有发展好力量素质才能在各运动项目技能上有所突破。运动员除了要具备极强的肌肉力量以外，力量的耐力素质也是非常重要的。力量的耐力主要指的是有机体接受外界疲劳的能力，耐力越久，持续力越强，说明运动员的整体素质越好。此外，越野滑雪对力量素质要求较全面，要求运动员上下肢和腰腹肌的力量具有较高的均衡水平。

山地户外雪地越野跑力量训练可根据地缘环境因地制宜地进行，青少年力量练习应遵循青少年发展特点循序渐进地进行，训练中可采用自然环境丘陵地带冰雪赛道进行山地越野跑，提高专项身体素质；也可以采用自然山地坡路冰雪赛道进行定时越野跑或段落越野跑和固定器械相结合的训练方法进行力量素质练习；还可以利用夏季海边、湖泊、江河自然滩涂沙地耐力跑和山地丛林越野跑进行训练，增强跑动技术动作稳定性，提高力量素质，发展耐力。通过训练可以巩固技术动作，快速提升运动员专项力量，促进运动员竞技水平提高。

（2）耐力素质训练

耐力素质是指机体在规定时间内保持一定强度负荷而获取动作质量的能力。训练的负荷对运动训练产生的反应有其必然的结果，运动负荷对机体刺激的程度将直接影响运动员的疲劳恢复，正常的负荷刺激所导致的疲劳深度对运动员的超量恢复有良好的效果。因此，在耐力训练中要控制好负荷强度和训练量，用良好的机体负荷刺激训练节奏，促进超量恢复，提高运动员的耐力素质水平。耐力训练主要分为一般耐力练习和专项耐力练习。

a. 一般耐力练习

一般耐力练习是以有氧训练为主，运动员在训练中多采用丛林定时越野跑进行训练，丛林定时越野跑的时间不低于 45 分钟，采用 10 公里至 15 公里长时间等距离有氧耐力跑（脉搏控制在 120 次 / 分左右）提高运动员一般耐力素质水平，也可以采用大段落间歇越野跑进行训练（1 公里或 2 公里）或低强度变速越野跑，提高运动员的有氧耐力。

b. 专项耐力练习

耐力素质是中长跑运动员提高运动成绩的重要因素，直接关系到运动成绩提高。因此中长跑运动员在训练中要特别注重耐力水平的提高。专项耐力的提高是运动项目取得胜利的关键。雪地越野跑专项耐力练习可利用地形地貌环境和坡路进行等距等时间歇跑训练，也可以利用自然环境冰雪赛道进行等距离间歇和不等距离间歇越野跑，提升携氧能力，增强有氧耐力水平，提高耐力素质。

（3）速度素质训练

速度素质主要是指运动员能够快速完成规定动作的能力。目前提升越野滑雪运动员速度素质的训练方法主要有上坡山地跑和滑轮训练。上坡山地跑训练分为 200—300 米快速跑训练、100—200 米持杖模仿训练、50—150 米跨步跳训练。训练坡度在 10—15 度为宜，要求以全速、最大用力完成。根据上坡的坡度决定间歇时间，以心率基本恢复为原则。滑轮训练分为 300—500 米平坦公路推进训练、200—300 米 2 度上坡跨一步推进训练、300—600 米 2 度上坡二步交替训练，要求以全速、最大用力完成。

（4）柔韧素质训练

运动员的柔韧素质是指有机体参与运动时完成动作幅度大小的能力。机体柔韧性受灵活性、肌肉韧带的弹性、肌肉的张力、机体在运动时的放松协调能力等因素影响。训练时首先要进行循序渐进的拉伸练习，再分别利用器械进行机体近侧端固定和远侧端固定的拉伸练习，运动员进行拉伸训练时可因人而异地选择动力性拉伸和静力性拉伸两种方法进行柔韧性练习，通过柔韧性训练可帮助运动员在实战时克服各种复杂环境赛道的不利因素影响，提高运动成绩。

（5）灵活素质训练

运动员灵活性素质是指运动员在完成各种运动动作时所表现的快速性、爆发性、控制性改变身体运动方向的能力。灵活性受有机体神经中枢条件反射影响和制约，因此在运动中必须根据项目特点进行灵活性训练。

运动员在平坦的运动场或草地上训练时，以一个起点，三个不同距离或三个同等距离不同方向进行快速折返跑练习。

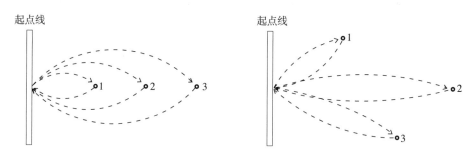

图8-9 灵活性训练方法

运动员还可以在平坦的训练场或室内训练馆进行灵活性训练。动作开始时，身体放松，足跟提起，向左侧方移动，先以右腿为主动腿，以髋带动大腿带小腿在左腿前进行交叉，移置于左脚左前方35厘米处，然后左脚髋带动大腿向左侧方横向放松快速平移至与肩同宽处，右腿向左侧方以髋带动大腿拉动小腿向左腿后侧平行移动35厘米处，再以左腿髋带大腿使骨盆外翻，左脚快速置于两脚与肩同宽处，快速放松重复进行30米，再以左腿为主动腿，动作要领同上，方向相反。

（6）协调素质训练

协调素质是滑雪运动员在各种复杂变化的条件下迅速、合理、敏捷、协调地完成各种动作的能力。包括动作的准确性、动作时间的保持能力、协调机体的综合能力和临场应变的能力等。经过协调素质训练，可使运动员的运动技能储备增加，使人体大脑皮层之间的关联以较快的速度建立，从而加速滑雪技能的形成与培养，协调素质是训练专项技术的必要条件。协调性素质训练方法包括：短距离直道快速侧向跑、立卧撑、健美操、舞蹈等。

在体能训练中，协调性训练是最难的。一方面，除了遗传因素的影响外，运动员心理个性、技术动作熟练度（动作韵律性）、速度与速耐力关系、身体重心平衡（肌力与肌耐力）、肌肉放松与收缩、肌肉柔韧性，以及灵敏性等都与协调性相关，但训练的方法、手段却较为缺乏。另一方面，许多教练员、运动员只重视力量、速度、耐力三大素质的培养，忽视了发展协调能力。在越野滑雪训练中，许多运动员力量、速度、耐力素质很好，在成绩快达到顶峰时，由于灵活性、协调性的稍差，导致某些关键技术动作做不到位，甚至因为一个很小的错误动作影响比赛成绩。没有灵敏与协调能力的基础，想练好基本功很难，想形成自己的技术风格就难上加难。

在选择练习动作时，要注意身体上肢与下肢的配合，练习动作要从简单到复杂、从习惯到不习惯，练习速度要先静后动、先慢后快，练习路线要从左到右、从前到后，完成练习动作顺序要从正到反、从反到正，练习难度要先易后难、先普后专，注意各种练习的混合搭配。

3. 核心力量训练

核心力量是指人体的核心区即腰椎—骨盆—髋关节为主体，包括附着在它们周围的肌肉、肌腱及韧带系统在运动时表现出来的稳定性及力量，又分为核心区稳定性力量和核心区动力性力量。核心区训练之所以重要，是因为它是完成绝大多数技术动作时力量产生和传递的核心区域，是人体动力链的中间环节，只有核心区的稳定性提高了，肢体活动才能有支撑，才会更协调。

核心力量存在于所有运动项目中，所有运动技术动作都是以中心肌群为核心的运动链，强有力的核心肌群对运动中的身体姿势、运动技能和专项技术动作起着稳定和支持作用，加强核心部位的肌肉群不仅可以提高身体稳定性及全身姿势的正确性，还可以稳定和强化髋部及躯干在力量转换时提供能量输出，有利于提高速度，整合与传递整体用力，并减少运动损伤的发生。

核心训练的项目有很多，教练员与运动员可以多学习、多观察，找到适合的训练方法。书中介绍几种常见的训练方法。

a.俯卧臀大肌腰部训练

身体成俯卧姿势，单脚支撑，右腿收大腿前摆收到左臂位置，在同一腿伸直后高摆，然后左腿收大腿前摆到右臂支撑的位置，在同一条腿伸直后高摆。

b.俯卧上肢与臀部腰部训练

动作要领：身体成俯卧姿势，双脚支撑，先左臂支撑，右臂伸直前摆，收腹提臀，重复做四次，然后换右臂支撑，左臂伸直前摆，收腹提臀，也重复四次。

c.俯卧收腿练习

动作要领：身体成俯卧姿势，双手支撑，收左腿到右手处，收右腿收到左手支撑位置，交替进行。

d.俯卧爬行

身体成俯卧姿势，左脚小步前收右脚也随着前收，像小步走一样，但是膝关节不能弯曲，以这样的动作重复爬行到手支撑的位置。

e.平板支撑

身体成俯卧姿势，上肢手臂小臂与大臂成90度角，两手向前不能弯曲，完全把身体支撑起来，腰背部保持成一直线，每次大约坚持1—2分钟。

二、冰雪军事五项战术训练

冰雪军事五项竞赛战术训练是顺利完赛的保障，运用成功与否决定着一个团队的综合能力和技战术水平。掌握技战术对国防冰雪军事五项比赛获取胜利有至关重要的作用，因此在训练中要强化国防意识，强化团队意识，强化战术意识。

（一）心理战术

冰雪体育军事五项心理战术是竞赛过程中采取克敌制胜的心理策略和战

法。心理战术对参赛运动员影响极大，在比赛时，无论是新选手还是多次参赛的老运动员，都将面临心理考验，心理战术运用得成功与否将直接决定比赛胜败。为了赢得胜利，教练员应做好以下工作：一是收集对手信息，做到知己知彼百战不殆；二是做好赛前训练和心理准备，提升运动员心理素质；三是宣传释放正能量，树信心、稳军心；四是控信息、藏锋芒，做好队内维稳，宣传敌方佯攻对手，用己之长克敌之短。

（二）先发制人战术

先发制人战术是在战争中抢先采取行动，用最短的时间消灭敌人的方法。冰雪军事五项先发制人战术由军事先发制人战术衍生而来。竞赛时运动员要在比赛开始后全力以赴夺取致胜位置，保持竞赛快节奏，用坚韧的意志品质、高超的技术和强有力的心理素质击垮对手，获取胜利。参赛运动队根据本队五个赛段运动员训练水平和综合实力，认定第一段落、第三段落、第五段落为本队最强竞赛阵容进行突破，实施先发制人战术，第二段落、第四段落运动员保持高水平发挥，全队用必胜的气势压倒对手，夺取全线胜利。

（三）用己之长单兵突破战术

用己之长单兵突破战术是受田忌赛马启发而形成的国防体育冰雪军事五项战法。参赛时战术的制定，一是充分了解比赛对手的综合实力，二是分析参赛对手五个分赛段的单项成绩水平，三是了解和分析该参赛队过去成绩和比赛临场发挥情况，四是分析该参赛队队员竞赛特点，五是根据竞赛规程全面推演比赛运行赛制。战术制定前需及时收集参赛对手信息，对其进行全面准确的定位分析，以便制定有针对性的方案。例如，比赛中第一赛段用水平略差的队员出战，第二赛段用成绩最好的队员出战，第三赛段用中等水平队员出战，第四赛段用中等水平队员突击出战，第五赛段用成绩最好的队员出战。总之，为更完美地实施用己之长单兵突破战术就必须根据对手的实际情况灵活运用此战术，知己知彼才能百战百胜。

第三节　青少年国防体育冰雪军事五项训练水平评定

一、垒球投准测试

垒球投准测试方法参见第六章第三节相关内容，水平评定标准见表 6-2。

二、女子 800 米、男子 1000 米记时跑测试

运动员需要在测试前进行充分的准备活动，测试时采用站立式起跑技术。

表 8-1　男子 1000 米跑测试标准

等级标准	少年甲组	青年组	评定方法
优秀	≤ 3 分 59 秒	≤ 3 分 52 秒	1000 米记时跑
良好	≤ 4 分 12 秒	≤ 4 分 05 秒	
合格	≤ 4 分 25 秒	≤ 4 分 18 秒	
不合格	> 4 分 25 秒	> 4 分 18 秒	

注：少年组年龄为 14—16 岁，青年组年龄为 17—20 岁。

表 8-2　女子 800 米跑测试标准

等级标准	少年甲组	青年组	评定方法
优秀	≤ 3 分 53 秒	≤ 3 分 47 秒	800 米记时跑
良好	≤ 4 分 07 秒	≤ 4 分 01 秒	
合格	≤ 4 分 21 秒	≤ 4 分 13 秒	
不合格	> 4 分 21 秒	> 4 分 13 秒	

注：少年组年龄为 14—16 岁，青年组年龄为 17—20 岁。

三、等动力量测试

等动力量测试方法参见第七章第三节，训练水平测试标准见表7-1。

四、射击测试

在训练测试过程中一般可采用立姿射击、跪姿射击、卧姿射击技术。测试标准见表3-1。

第四节　青少年国防体育冰雪军事五项竞赛与裁判

一、竞赛组织

国防体育冰雪军事五项赛项目应根据青少年国防冰雪体育竞赛规程组织开展。比赛设少年乙组（15岁以下）和少年甲组（15岁至18岁），各参赛队选派6名参赛运动员（4男2女）参赛。国防体育冰雪军事五项赛项目顺序：（1）山地越野滑雪500米至1000米；（2）手榴弹投准；（3）单人冰橇滑行200米至300米；（4）冰上射击；（5）武装越野1公里至2公里。

每场比赛有两支运动队参赛。两支运动队按竞赛规程规定的时间由起点裁判员准时引导至比赛起点，起点裁判员鸣枪发令后，比赛开始。竞赛时每个运动队必须按照赛会指定路线和竞赛顺序进行，不得随意离开比赛场地。比赛采用单败淘汰制，以竞赛的总成绩排序，当成绩相等时，按照个人最好成绩依次排序，当个人冠军相同时，两名队员重赛射击，射击5发并计时，全中情况下按时间决胜。

二、竞赛裁判

（一）裁判设置及数量

仲裁员 5 人；技术官员 3 人；技术代表 1 人；裁判长 1 人；副裁判长 2 人；竞赛裁判长 1 人；检录长 1 人；检录裁判员 4 人；起点裁判长 1 人，起点发令员 1 人，助理发令 1 人，裁判员 4 人；各赛段检查员均为 6 人；手雷投掷区裁判长 1 人，裁判员 6 人；终点裁判长 1 人、终点裁判员 6 人、终点记录员 2 人；终点记时长 1 人、终点记时员 17 人；单人冰橇赛射击区主裁判 1 人、裁判员 12 人（含验靶裁判员 4 人、竞赛裁判员 8 人）、检查员 4 人。

（二）裁判手势用语或旗语

冰雪军事五项竞赛裁判手势或旗语与冰雪丛林野战竞赛裁判手势或旗语相同，具体内容参见第三章第四节。

第 九 章

国防体育冰雪项目
运动员的营养与运动伤病康复

第一节　国防体育冰雪项目运动员营养的
意义与基本要求

一、运动员合理膳食营养的意义

膳食和营养是人体生长发育的关键，是人类生命进程中提高和保持健康状况的重要因素，运动员的运动能力不仅取决于科学的训练、优秀的身体素质和心理素质，更应该具有良好的健康状态和合理的营养。合理的营养是科学训练的物质基础，有利于代谢过程的顺利进行和器官功能的调节，合理的营养对运动员机能状态、体力适应、运动后的恢复和伤病防治都具有良好作用。而且，合理营养有助于运动员充分发挥训练效果和竞技能力。相反，营养不平衡会削弱科学训练带来的效益，不但会降低运动竞技能力，还会影响运动后的恢复和健康水平。因此，在制订全面科学训练制度时应当优先考虑运动员合理的营养问题。

合理营养有助于提高运动能力和促进运动后体能的恢复，合理营养是运动员保持良好健康和运动能力的物质基础，对运动员的机能状态、体力适应、运动后机体的恢复和伤病防治均有良好的效果。合理营养为运动员提供适宜的能量；合理营养有助于剧烈运动后机体的恢复；合理营养可延缓运动性疲劳的发生或减轻其程度；合理营养有利于解决运动训练中的一些特殊医学问题（不同体育项目、不同环境、不同年龄期的特殊医学要求）；合理的营养可保障肌纤维中能源物质（糖源）的水平稳定，降低运动性创伤的发生率。

二、运动员合理营养的基本要求

合理营养来自合理的膳食，即全面、平衡、适量的饮食原则，运动员的膳食供给要营养均衡，热能及各种营养素要满足运动员生理及体力活动的需要，有利于运动员运动后体力恢复并防止运动性疾病的发生。因为没有一种天然食物能满足人体需要的全部营养，所以运动员饮食多样化就尤为重要。运动员要选择颜色不同的蔬果和多种含优质蛋白的食物。为保证充足的能量来源，运动前后注重食物的供应和补给，重点关注维持肌肉耐力的食物。因为肌肉耐力提高，具有发育成熟、提高免疫系统等好处，发展耐力素质，可以增强肌肉的力量，提高心肺功能，所以增强肌肉力量和提高肌肉耐力的锻炼非常必要。锻炼肌肉耐力的方法很多，低强度负荷和高重复阻力运动是提高部分肌肉耐力的最有效方法。切忌因寒冷条件或者场地限制空腹运动或者长时间运动后不及时进食。运动前应注重碳水化合物类食物的补充，易消化的主食可以作为首选，如面包、米饭、面条。运动后可以吃一些饼干、能量棒、香蕉等高碳水化合物小零食，随时补充能量。学会及时少量多次补充液体，根据自身胃肠道情况酌情饮水。运动饮料也是较好的选择。避免过度运动，耗竭能量，造成肌肉疲劳和身体损伤。关注钙、镁、铁等元素的补充，多喝牛奶、酸奶、乳酪等含钙丰富的食物，维持骨骼健康。

第一，运动员的食物在数量上应满足运动训练或比赛的消耗，使运动员能保持适宜的体重和体脂，在质量上应保证全面的营养需要和适宜的配比。能源物质中蛋白质、脂肪和碳水化合物应适用于不同项目运动训练的需求。一般情况下蛋白质占总热能的 12%—15%、脂肪 30% 左右（以不大于 35% 总热能为宜）、碳水化合物 55%—70%。

第二，运动员要做到平衡膳食，要求从膳食合理搭配做起，根据《中国营养居民膳食指南》内容，将食物分为：（1）谷类及薯类，包括米、面、杂粮及薯类，主要提供碳水化合物、蛋白质、膳食纤维及 B 族维生素；（2）动物性食物，包括肉、禽、鱼、奶、蛋等，主要提供蛋白质、脂肪、矿物质、维生素 A、B、D；（3）豆类和坚果类，包括大豆、花生、核桃、杏仁等，主要提供蛋白质、脂肪、膳食纤维、矿物质、B 族维生素和维生素 E；（4）蔬菜、水果和菌类，主要提供维生素 C、K，胡萝卜素及有益健康的植物化学物质；（5）纯能量食物，包括植物油、淀粉、食用糖和酒类，主要提供能量、动植物油和必需脂肪酸。人体必需营养素有 40 多种，而各种营养素的需要量又不相同，对一名参加集训的运动员，当其热能消耗量为 14644—18410 千焦（3500—4400 千卡）时，一日的基本食物中应有 300—400 克肉类、250—500 毫升牛奶、500 克以上的蔬菜、300—400 克主食、少量的豆腐或豆制品等成分，热量不足或过多时可用主食、油脂或甜食调剂。

第三，运动员的食物要求浓缩、体积重量小，一日食物总重量不超过 2500 克。一日三餐食物热量的分配应根据训练或比赛任务安排，上午训练时，早餐应有较高的热量并有丰富的蛋白质和维生素等食物。下午训练时，午餐应适当加强，但要避免胃肠道负担过重。晚餐的热量不宜高，以免影响睡眠。一般情况下，早餐、中餐、晚餐的热能约为 30%、40%、30%。在大运动量训练时，热能消耗量增加为 20922—25106 千焦（5000—6000 千卡）或更多时，可考虑加餐的措施。因训练时间长饮食受限制，可采用增加点心或快餐的办法，但应注意增添食物的全面营养和营养密度问题。

第四，运动员的进食时间应考虑消化机能和运动员的习惯。大运动量训练或比赛前的一餐应至少在 2.5 小时前完成。正常情况下胃的排空时间为 3—4 小时，精神紧张可使胃的排空延缓到 5—6 小时。提前进餐的目的在于使剧烈运动时上消化道的食物基本排空。剧烈运动前不宜吃得过饱。运动后的进食应安排在运动结束 30 分钟后，剧烈运动后切忌暴饮暴食。

第五，运动员的食物在烹调和保存时应避免营养素的丢失，并做到色、香、味俱佳，以利增加食欲。中等或小运动量的体育运动会增加食欲，然而剧烈运动后的食欲常受到抑制，应注意大运动量后的热能供给。

第六，运动员在获得质量良好的平衡膳食情况下无必要再额外地补充营养。在预防营养不足对运动能力影响的同时也应注意营养过剩的不良影响；例如过多的热能引起肥胖、过多的碳水化合物和油脂（包括胆固醇）可引起体重增加、血脂增高或心血管系统疾病，过多的维生素 A 或维生素 D 可引起中毒，过多的盐会引起高血压病等。所以运动员饮食要多样化，遵循合理搭配，吃动平衡，少盐少油，控糖限酒，杜绝浪费的原则。

第二节　国防体育冰雪项目运动员热能代谢

国防体育冰雪项目运动员通常是在严寒低温、中高海拔的极端环境中进行训练和比赛，在营养方面面临多重挑战。主要表现在：能量消耗增加、肌糖原和肝糖原消耗加快、体液丢失加剧、出现运动性贫血和个体氧化应激水平升高等。由于生理体格特征、能量供应系统的差异和训练比赛场地的不同，运动员的营养需求存在相似性但又各有不同。对国防体育冰雪运动员来说，学会科学饮食并把吃饭当作训练，才可以把营养转化为战斗力。

当环境温度处于零下 10 摄氏度以下时，为低温环境。冰雪项目运动员在低温环境下运动训练，面临以下挑战。

第一，机体在大脑皮层和下丘脑体温调节中枢的统一调节下，通过神经—体液，调节产热和散热，维持体温恒定。但受不确定暴露因素的影响，如处在寒冷条件下时间较长或者外部环境较冷，冻伤或冷损伤等情况就可能会发生。

第二，低气温使人体能量消耗增加，主要原因在于保持体温，加上活动增加、寒颤、紧张情绪等，基础代谢可增加 10%—15%，总能量需要增加5%—25%。这种情况下，身体的能量来自碳水化合物的比例有所降低，蛋白质产能比正常或略高，脂肪产能比则相对提高，达到总能量的 30%—35%。这时人对高能量、高脂肪食物和热食的偏爱程度会相应高于温暖环境下。

第三，容易出现缺水或脱水，原因来自衣着笨重、行动困难导致的大量出汗等。寒冷会刺激多尿，同时主动饮水也被抑制。这些行为都会增加脱水的风险。运动性脱水，引起体内水分和钠、钾离子的丢失，对于健康和运动能力都有一定影响。表现轻则为口渴、少尿；重则为心率加快、恶心厌食、肌肉抽搐和疲劳，都会降低运动成绩。

第四，热能：人体的热能消耗主要包括基础代谢率、体力活动、食物的特殊动力作用，其中运动所消耗的热能最多，运动员在训练期间运动加体力活动所消耗的热量是一般强度劳动者的 10 倍之多，这主要是因为运动量的骤然增大和常伴有运动缺氧造成的。一般劳动强度的热能消耗为每分钟 0.07—0.3 千卡，而短跑时每分钟可消耗 3 千卡的热能。

第三节　国防体育冰雪项目与营养素

营养是恢复的最有效手段之一，合理的营养可以显著提高运动员的机能状况。反之，营养不合理，将会导致机体生理功能紊乱，运动能力下降，甚至产生疾病和创伤。

一、与运动能力下降有关的营养因素

1.能源物质的耗竭

运动中最直接和迅速的能源物质为三磷酸腺苷（Adenosine Triphosphate，ATP），ATP 的储存量很小，需要不断地合成。当体内糖原大量消耗，ATP 合成速度延缓，运动能力就会下降。

2.脱水

脱水是身体消耗大量的水分而不能及时补充，造成新陈代谢障碍的一种症状，严重时会造成虚脱，对国防体育冰雪运动员而言，运动中大量出汗使体液尤其是血浆容量减少而导致脱水，当脱水严重时心脏和肾脏的负担会增加，时而引起体温升高。

3. 酸性代谢产物堆积

酸性代谢产物使体液 pH 下降，血液中 pH 下降会降低神经传导和骨骼肌对乙酰胆碱的反应。

4. 电解质丢失

电解质丢失会影响体内离子平衡，易出现低钠、低钾、低钙血症，当离子紊乱时容易出现头疼、恶心、呕吐、乏力、疲倦等，低钾血症也容易引起心律失常，四肢肌力、肌张力显著下降，还可能伴有短暂性、一过性意识不清，严重的电解质紊乱会造成内分泌代谢障碍，引起内环境失衡。

5. 维生素和微量元素的缺乏

维生素和微量元素具有调节代谢的功能，缺乏或不足时也会使体内环境稳定性破坏。

二、营养素

1. 水

水是"生命之源"，运动员无论在比赛还是训练的任何阶段，都会出很多汗，大量的水分也会从运动员呼吸和皮肤被带走，运动员运动一个小时就会丢失 1000—2000 毫升水分，所以及时地补充水分是非常重要的，最好在运动前喝两大杯水，如果条件允许，可以每隔 10 分钟就喝一点水。

2. 钾

钾离子在人体内可以保持血液的动态平衡，维持细胞的生理活动，对于酸碱平衡及蛋白质的代谢都起着重要作用。运动员在比赛和训练时，激烈的运动使运动员汗流浃背，很多矿物质会随着汗液丢失，主要是钾和钠，身体中存储着大量的钠，而且钠也很容易从食物中得到补充；钾元素在体内含量比较少，血钾的正常范围是 3.5—5.1 毫摩尔 / 升，血钾太高太低都会导致心律失常甚至猝死，所以运动员在运动后需要注意选择诸如香蕉、橘子等含有丰富钾元素的食品进行补充。

3. 锌

锌是另一个可从汗液和尿液当中流失的元素，锌对于健康非常重要，身体内需要保证有足够的锌。牡蛎、牛奶、羊肉等食物含有较多的锌，也可服用含有锌的复合维生素片来补充锌。

4. 铬

铬能够促使身体消耗脂肪，协助身体调节血糖，充足的铬能够提高运动锻炼效果，然而大多数人铬的摄入量都不足。下面的食物含有较多的铬元素：葡萄、蘑菇、花椰菜、苹果、花生等，如果不能进食足够的富含铬的食物，就需要通过铬胶囊来补充铬。

5. 维生素 B2

运动需要消耗大量的能量，维生素 B2 可以帮助人体利用从食物中得来的能量，运动量越大需要的维生素 B2 就越多。因为国防冰雪项目运动员无论是训练和比赛都需要消耗大量能量，所以应当通过牛奶、绿色蔬菜、牛肉等食品来补充维生素 B2，当然也可以用复合维生素片来补充维生素 B2。

6. 维生素 E

运动不仅要消耗大量的能量而且会需要很多的氧。大量的氧在身体内会促使自由基的产生，对身体造成多方面的损害，维生素 E 可以阻止这种破坏的发生，并且还可以防止运动后的肌肉酸痛。然而通过日常饮食，我们很难获得足够的维生素 E，所以每天服用 800 国际单位的维生素 E 胶囊对于国防冰雪运动员来说是非常重要的。

低温环境下运动，因机体对能量和各种营养素的需要量都有所增加，那么相对应的合理膳食是必须的也是必要的。

第一，调整三大宏量营养素供给比例，提高碳水化合物和脂肪的供应量，多吃淀粉类主食，搭配优质蛋白质的摄入。

第二，保证充足的蔬果和红肉类等食物，例如去皮猪牛羊肉。这样可以有充足的维生素 C 和铁的供应，其他如维生素 B1、维生素 B2、烟酸、维生素 A 和矿物质锌镁等的来源也相应增加。

第三，重视运动前中后的补液，条件许可情况下提供热水、热茶或温热的运动饮料，其中碳水化合物比例在 6%—8%。根据运动时长和水分流失情况，适量补充钠、钾离子，推荐每日饮水量不低于自身体重的 4%。

第四，增加每日用餐频率，根据实际训练计划，安排训练间或正餐间的加餐和晚加餐。但需注意加餐食物、用餐方式、进食时间的选择，避免影响一日三餐摄入。加餐推荐小体积、可携带、易消化的包装食品等，如糕点、香蕉、能量棒和巧克力牛奶等。

第四节　国防体育冰雪项目运动员的营养特点

一、合理安排营养素

在运动员耗供平衡的前提下，应合理安排蛋白质、碳水化合物和脂肪在食物中的比例。以热量的摄取为例，一般蛋白质占总热量的 15%，脂肪占总热量的 30% 左右、碳水化合物占总热量的 55% 左右较为适宜。蛋白质的摄取也应根据不同运动条件，合理安排动、植物蛋白的摄入。水、碳水化合物、脂肪等其他营养素的摄取也应如此。

二、注意热量的平衡

由于运动员在训练或比赛中消耗能量较多，只有给予及时补充，才能满足他们的正常需要和保护充沛的运动能力及必要的能量贮备。然而过多的热量可导致体脂肪增多、身体发胖、运动能力降低。所以，运动员的饮食安排一定要合理，要因人并因项目而异。

三、合理的饮食制度

饮食制度包括饮食质量、饮食分配和进食时间。进食时间要与训练和比赛相适应。最好在进餐 2.5 小时以后再进行训练或比赛，否则剧烈运动会使参与消化的血液流向肌肉和骨骼，影响胃肠部的消化和吸收。饭后立即剧烈运动还会因胃肠震动及牵扯肠系膜而引起腹痛和不适感。训练或比赛后也应休息 40 分钟后再进餐，否则也会因进入胃肠的血液减少，胃液分泌不足而影响消化吸收功能，长此下去还会引起慢性胃肠疾病。

四、注意热源质的合理比例

运动员的热源质应以碳水化合物为主，脂肪要少。对大多数运动项目的运动员来说，蛋白质、脂肪、碳水化合物的比例应为 1∶1∶4；耐力项目的比例应为 1∶1∶7，一定要做到高碳水化合物低脂肪。

五、正确选择食物、合理烹调加工

正确选择食物是保证饮食质量的关键。运动员对各种营养素的需要由运动项目的强度和身体条件来决定。所强调的是蛋白质的质量，蛋白质摄取不足可引起运动性贫血，这在赛前强化期尤需注意。赛前的调整期要增加碳水化合物的摄取，比赛当日碳水化合物应为主要食物。选择食物要讲究营养，应选那些有营养、易消化、符合运动员需要的食物，主食不宜过于精细，但品种要多样，还要注意色、香、味，以增进运动员的食欲。

六、高热能饮食

这一原则的确定，是为了减轻运动员的肠胃负担，力争在体积较小、重量较轻的食物中获得身体所消耗和所需求的热能供给，一般每天食物总量不宜超过 2500 克。

七、充足的维生素

维生素是维持生命和调节代谢不可缺少的营养素。维生素缺乏会造成机体活动能力减弱、抵抗力降低，运动能力也随之下降。运动时代谢旺盛、激素水平增高、排汗增加，对维生素的需要量也因项目不同而不同。一般来说，耐力项目对维生素 B1、维生素 C 的需要量较大。如果蔬菜水果供应充足，则无须另外补充维生素。

八、饮食多样化

饮食多样化的目的，一是为了运动员胃口的需要，二是为了获取充分营养的需要。也就是说，这样有助于避免运动员偏食、挑食的不良饮食习惯。当然，在多样化的前提下，如果没有食物良好的色、香、味的配合，没有合理、适当的营养素的搭配，多样化的目的是达不到的，并且会因营养摄入不足而影响身体。这里所说的多样化是在良好的色、香、味和营养的前提下的多样化饮食。

九、少食多餐

少食多餐是为了减轻运动员的肠胃负担，为了适应高强度运动的要求，也是为了及时补充各种体内因运动而耗费的营养。如果少餐多食，会给肠胃增加负担，从而影响运动员的身心状态，对运动水平的发挥、运动成绩的提高及以后体能的恢复都是有害无益的。

十、注意酸碱平衡

饮食的酸碱搭配不仅与运动员的健康有着密切的关系，而且也直接影响到运动后体力的恢复。一般来说，白面、玉米等谷类食物，以及花生、核桃、肉类、蛋类、糖及酒类，含磷、硫、氯等元素较多，在人体内被氧化后，会产生带阳离子的酸根，使体液出现酸性倾向。大豆、绿豆、水果、海带、牛奶、蔬菜等含钾、钠、钙、镁等元素，在人体内氧化后则生成带阴离子的碱性氧化物，会使体液出现碱性倾向。如果食酸性食物过多，就会使运动员的血液呈酸性，这不仅会增加体内钙、镁的消耗，易引起疲劳，而且还会使血液的黏滞度增高，对运动是极为不利的。因此运动员饮食要求酸碱相对平衡，酸碱食物要合理搭配。

十一、多食蔬菜

蔬菜对运动员来说也是极为重要的，因为它可以提供丰富的维生素和无机盐。蔬菜中的胡萝卜对增强视力是重要的，它含有丰富的维生素 A，一些用眼较多的运动项目如射击、驾驶等都需要增加维生素 A 的摄入。B 族维生素是许多酶的辅酶，B 族维生素中的维生素 B1、烟酸不足都会影响能量代谢，使供能不足，影响运动员的体力和精神。无机盐中钾、钠、钙、镁、氯等对调节神经、肌肉的兴奋性和心跳速率有极大作用，因此对运动员有直接影响。蔬菜大多属于碱性食物，它能把吃的肉、乳、蛋和粮谷食物产生的酸中和，有利于运动。

十二、能量与宏量营养素

（一）运动员的能量需求

运动员的能量代谢主要取决于运动强度、频度和持续时间三个要素，同时也受运动员的体重、年龄、营养状况、训练水平、精神状态及训练时投入用力程度等因素的影响。不同运动项目的能量代谢特点也不同。例如投掷、举重等是要求爆发力量强的项目，运动强度在短时间内骤然增大，单位时间内能量消耗也较大，但其动作频度低，持续时间短，体力容易恢复。而长跑、竞走等项目虽然运动强度较小，但动作频度高、持续时间长，总能量消耗较多。运动员的能量来源主要为碳水化合物。当运动员体内有足够的碳水化合物和脂肪作为能源时，蛋白质几乎不被动用。当运动强度达到85%—90%最大氧摄取量时，全部能量来自碳水化合物。随着运动强度的增加和时间的延长，对脂肪的利用也逐渐增加。建议运动员将膳食能量的供给量增加10%—15%。其中碳水化合物占总能量的50%左右，蛋白质占总能量的15%—20%。

（二）蛋白质的比例

机体蛋白质的合成与分解是一个动态平衡的过程。运动员在训练和比赛时，尤其在大运动量的情况下不仅消耗大量能量，也使体内蛋白质分解代谢加强，甚至可出现负氮平衡。因此，保证量足质优的蛋白质摄入对补充运动员的损耗、增强肌肉力量、促进血红蛋白合成及加速疲劳恢复等具有重要意义。但蛋白质终究不是运动员的主要能源，而且高蛋白膳食可导致尿氮排出增加，造成体内蛋白质的代谢产物，如氨、尿素、尿酸等的大量堆积，加重肝、肾负担，同时使体内水分、矿物质（尤其是钙）耗竭，对运动成绩及运动员健康均不利，故不宜过多摄入。含蛋白质的食物有鸡蛋、瘦肉、禽类以及牛奶。力量型运动员（健美、举重、摔跤、柔道、拳击）须提高摄入蛋白质比例。

（三）脂肪的配比

脂肪是产热量最高的能源物质，1克脂肪在体内氧化可产生热量9千卡。当肌体摄入多余的热量时，均以脂肪的形式储存起来，构成体内的"燃料库"。一般情况下，运动超过一小时后，脂肪氧化即成为人体的主要能量来源，但必须在氧气充足的情况下脂肪才能被氧化释放出能量。由于脂肪氧化供能时耗氧量较多，剧烈运动时，脂肪不能被有效利用，反而会产生酸性代谢产物使体液PI值（PI值是指血流灌注指数，PI值反映了动脉血流的情况，脉动血流越大，PI值就越大）降低，气温低时，末梢血液循环差，末梢血流量减少，这时所测的PI值偏小，当活动或喝一杯热水后，PI值又会升高。因此，建议国防冰雪体育运动员的膳食中脂肪不宜过多，力求以植物油为主，还要尽量选择优质的动物性食物，如禽类、鱼类及瘦肉等，并应摄取一定量的动物内脏。一般运动员膳食中脂肪提供的能量占总能量的25%—30%比较合适。

（四）糖的供能

糖是运动中的重要能源物质，它在体内氧化供能时比脂肪和蛋白质有许多优点：

（1）糖容易被消化吸收，快速产生热量。

（2）当氧气供应充足时，糖在体内进行有氧氧化，释放出大量热能，糖氧化时需氧量比脂肪和蛋白质都少，而且它产生的代谢终产物（二氧化碳和水）极易排出体外。

（3）在剧烈运动时（短跑、登山），由于呼吸困难，体内缺氧，糖还可以通过酵解供给身体能量，同时产生乳酸，糖酵解是机体在缺氧时补充能量的一种有效形式。

（4）糖还是神经系统的重要营养物质，有维持中枢神经系统机能的作用，尤其在体育运动时，由于血流流向运动器官（四肢肌肉、骨骼和关节韧带），大脑相对缺血，如果此时血糖降低，将影响脑功能，引起低血糖症，如出现头晕、头脑不清醒等症状。糖的补充尤其重要，糖原储备量少会使肌体耐久力下降，疲劳也会提前出现。

（五）维生素的促力

维生素是维护身体健康、促进生长发育和调节生理机能所必需的一类有机化合物。其种类较多，化学性质不同，生理功能各异。虽不能供给肌体热能，但却对体内生物氧化等代谢过程有重要作用，能促进肌体吸收大量热源物质和构成机体组织的原料，调节物质代谢和能量转换。对于国防体育冰雪运动员，维生素是必不可少的。因为它不仅是保证身体健康所必需的，而且有的维生素可直接影响人体的运动能力，如 B 族维生素、维生素 C 和维生素 E。因此，及时补充维生素，对促进运动能力十分有利。

（六）良好的饮食

食物中的营养成分对身体健康和运动能力的影响是显而易见的。良好的饮食习惯除包括合理的膳食结构（不偏食、不挑食），还包括合理的膳食制度（进餐次数、进餐时间和三餐分配）。良好的饮食习惯有利于食物的消化吸收和利用，能保持良好的生理机能状态，这不仅有利于身体健康，而且对提高机体运动能力和竞技状态有良好的作用。体育运动员应定时进餐，饮食有节，不喝酒，不吃刺激性大的食物。在运动量大的时候或冬训期间，除日常的基本三餐应保证有足够的热量和各种营养素外，最好增加 1—2 次点心，这对于热能消耗大者和青少年运动员尤为重要。

第五节　国防体育冰雪项目运动员营养状况的评定

通过不同方法对运动员膳食摄入量进行评估，从而了解在一定时间内运动员膳食摄入状况以及运动员们的膳食结构和饮食习惯，分析膳食中存在的问题，评定国防体育冰雪运动员营养需要得到满足的程度。

一、运动员膳食调查方法

（一）称重法

测定食物份额的大小和重量，获得可靠的食物摄入量。优点是结果准确，缺点是花费人力，比较耗时，不适合大规模调查。

（二）记账法

优点是操作简单，费用低，人力少，可适用于大样本，缺点是不能用来分析运动员个体膳食摄入状况。

（三）回顾询问法

（1）24 小时膳食回顾法。常用来评价全人群的膳食摄入量。优点是调查时间短，被调查者不需要有较高的文化，调查结果主要对群体或者人体营养状况的原因进行分析。缺点是当膳食回顾不全面时结果不太准确。

（2）食物频率法。连续记录三天的日常食物摄入种类和摄入量，反映长期营养素摄取模式。优点是被调查者负担小，工作量少，易实现自动化，而且费用低，可快速获得日常食物摄入的种类及数量，可反映长期营养摄入的模式。缺点是对食物大小、份额估计不准，影响食物量化的准确性而产生偏差。

（3）食物化学分析法。能够最可靠地得出食物中各种营养素的实际摄入量。优点是结果非常准确。缺点是操作复杂，需要配备仪器和设备，还需要有一定技术水平的专业人员。

二、膳食调查步骤和结果评价

收集整理资料计算，将膳食组成、能量、营养素摄入量与营养素适宜摄入量进行比较，评价是否满足运动员机体需要量，膳食评价包括计算每人每日能量和营养素的膳食供给量，评定是否达到营养素适宜摄入量、三餐能量分配比、三大营养素摄入百分比优质蛋白质摄入量、钙磷比、胆固醇摄入量、营养素摄入量、饮食习惯、膳食构成、加工方法等方面进行评价，提出改进和预防措施。

评价内容如下：

（1）运动员脂肪状况评价：血脂和必需脂肪酸评定；

（2）运动员蛋白质状况评价：血液蛋白和氮平衡评定；

（3）维生素状况评定。

第六节　国防体育冰雪项目运动伤病和康复

国际冰雪运动训练：比赛中运动创伤并不多见，本节主要结合青少年生理特点与可能发生的创伤性疾病做简要阐述。

一、运动损伤及预防

人体的运动强度分为绝对强度（物理强度）和相对强度（生理强度）两类指标。同一种运动的绝对强度是一致的，而不同生理状态下，个体的疲劳感、机体的承受力等相对强度都存在较大差异。国防冰雪项目运动员承受运动负荷时，心血管、呼吸、神经、肌肉、骨骼关节系统和有关的代谢过程都会发生反应性的变化。这些变化与运动负荷量、机体对运动负荷适应程度、耐受程度、个人健康状况等多种因素相关。国防冰雪运动虽然是一项相对安全的冬季运动项目，运动员之间一般没有直接对抗性身体接触，但对运动员体能有较高要求。根据青少年自身解剖生理特点和运动中特殊的技术动作要求，也可能发生一些慢性运动性损伤及其他意外损伤。

减少运动创伤最根本的方法就是预防。其原则必须从积极方面着手，切勿忽略青少年机体的适应能力，同时还要了解和观察运动员运动后的身体反应，一旦出现不适和疲劳现象，应及时调整运动训练计划。具体措施如下：

（一）加强运动员运动后身体的恢复管理

运动员训练过程中的三个关键环节是：疲劳、恢复和适应。运动的负荷可使运动员产生疲劳，停止运动训练后疲劳逐渐缓解，机体经历从疲劳到恢复的过程后会对一定的运动负荷逐渐适应，耐受疲劳能力增加，疲劳和恢复表现在各种生理生化指标的变化上，通过一些指标对疲劳程度和恢复过程进行测量，可以分析运动负荷与机体耐受之间的关系。如运动员运动训练后机体不耐受，需要教练员及时对运动员个体运动后的反应做出判断，并相应调整运动量以及运动形式、强度、时间、频度等。针对运动员身体的个体差异，制订相应的训练计划，并定期对运动员健康状况和运动能力进行评估，根据评估结果及时调整训练计划，从而降低运动员训练过程中发生运动损伤的风险。

（二）加强运动中的自我保护与帮助

国防冰雪运动能使青少年感受到无穷的乐趣，但运动中如没有足够的安全意识与自我保护的方法，就有可能发生损伤的风险，运动员不但要掌握一些损伤的处理办法，还应学会各种保护支持带的使用，加强自我监督，根据不同项目特点及外伤发病规律，制定一些特殊的自我监督方法。训练中除运动员的自身保护外，教练员的保护与帮助也十分重要，教练员保护或帮助的方法不当，或缺乏保护与帮助意识，也会引起运动员的外伤。

（三）加强运动员的医务监督工作

定期并按需要进行体格检查。选拔新运动员集训时，必须进行详细的伤病检查。不能从事大运动量训练的病伤或先天畸形，或从伤情特点来看恰好是所学项目"专项多发病"，从治疗的角度来看又较困难或需要的时间较长，这一类运动员，就不能批准集训。除对新运动员进行初诊检查外，还应定期普查，普查时应特别根据运动转向的发病特点及部位仔细检查，以早期发现各种劳损性损伤，必要时应做 X 线、CT、核磁等检查。

（四）在训练时建立保健员制度

保健员必须精通运动外伤的急救和相应的保健知识。可负责急救、协助检查运动量的大小，并反映伤病运动员是否根据医生的指示训练以及练习时伤部的反应等。这一制度对医生少、队员多的集训尤其重要。

（五）建立医生和教练员的相互学习制度

运动队应经常组织队医、教练员、保健员有关体育理论和运动外伤知识的讲座和讨论，并能结合本队的外伤发病情况进行分析讨论，统一认识，总结经验，彼此提高理论水平，这样对预防运动员损伤具有良好的防范作用。

二、损伤的症状与康复

（一）国防冰雪运动创伤的特点

运动创伤学是运动医学中的重要部分，其主要任务是预防及治疗运动中的创伤。并通过统计的方法，总结创伤发生的原因、治疗的效果及健康恢复的时间等，以协助改进运动条件，改善教学训练方法，提高运动成绩。这也是运动创伤学与一般工业与街道创伤学的基本区别。同时，运动创伤还有它自己的特殊创伤。运动创伤不仅可以使有高度训练水平的运动员无法参加训练或比赛，并且能给人以心理影响，妨碍体育运动的正常开展。

青少年国防冰雪体育是以国防教育与传统体育相结合的一项运动，国防冰雪运动与职业运动员训练比赛相比具有运动量和强度小、速度相对缓慢、创伤风险较小的特点，运动员在各种训练比赛中不容易发生碰撞，甚至导致各种损伤，虽然很多青少年国防冰雪运动员没有接受过正规训练，在运动技能上未完全掌握各种训练技巧，但在比赛中速度不是很快，即使在突发状况下缺乏应对经验、自我保护和自控能力的情况下，也很少发生严重的损伤和意外。因此青少年国防冰雪运动员在训练和比赛中只要严格按照动作顺序完成，遵守训练与竞赛规程，做好预防，就能减少很多损伤发生。相关案例证明，运动创伤的发生，常常是由于教练员训练教学经验不足，运动员准备活动不充分，缺乏风险防范意识，队医缺少运动医学相关知识，未能完善预防损伤的制度等。如在训练与教学中注意总结经验，加强对运动员预防损伤知识的宣传，提高专业人员理论和业务水平，运动创伤是可以预防的。

（二）运动创伤的原因

（1）运动员缺乏风险意识。大多数国防冰雪运动员因年龄小，又是初次参加训练和比赛，没有任何风险防范意识。

（2）准备活动不充分。大多数国防冰雪运动员没有运动前热身和做好充分准备的习惯，没有意识到热身运动是减少运动损伤的一个重要手段，在户外受寒冷的低温影响，肌肉收缩，血液循环和关节的灵活性都会发生很大变化，所以教练员应指导运动员在训练或赛前做好充分准备，使运动员身心更快更稳健地进入运动状态，减少损伤的风险。

（3）技术动作不规范。教练员应了解每名国防冰雪运动员的自身情况，运动员要掌握基本运动技术规范后方可参加训练或比赛。

（4）运动量过大。过大的运动量容易造成肌肉疲劳，加之过低的温度，极容易造成肌肉韧带的损伤，甚至发生骨折，长期的过量运动还会导致关节及肌肉的劳损。

（三）运动创伤的治疗原则

1. 合理安排伤后训练

这是治疗运动创伤的首要内容，其意义在于保持运动员已获得的训练状态，使一旦伤愈即能投入正规训练，防止因伤后停止训练而引起的各种疾病，一般运动员在大运动量训练时，如果运动量突然减少或完全停止，常常会引起运动员各种条件反射性联系的破坏，出现严重的功能紊乱，从而产生各种疾病。

运动外伤特别是慢性小创伤和训练的技术动作有关，在治疗时应停止或减少这些受伤动作的练习。否则边治疗边做受伤动作的训练，自然创伤是很难治愈的。在治疗运动外伤时，应尽量使用各种支持带或保护带，以防发生劳损、再伤或肌腱韧带的松弛（以后容易再伤）。为改善伤部的代谢，消除水肿，加速愈合及消除瘢痕粘连与挛缩，局部治疗有一定效果。但一定要应用适时，有一些运动外伤的发生与全身状态不良有关，因而治疗时不应忘记全身状态的改善，如营养素、维生素 B1、B2、维生素 C 及维生素 D 的供给等。

合理安排训练还能加强关节的稳定性、适应性，并改善伤部组织的营养代谢。否则，由于肌肉的费用性萎缩，及受伤组织本身的松弛，关节就更不稳定，再练习时就更易受伤。不少新伤也就因而变成慢性损伤，增加了治疗的困难。另外，局部合理训练，还可改善伤部的血液、淋巴循环及组织的弥散吸氧作用（如软骨或肌腱），并在一定程度上消除粘连，刺激受伤组织的增生，因而也加速了组织的修复、肿胀吸收与瘢痕软化，有的外伤也可因而治愈。要正确地安排训练内容，还必须采用"三结合"的工作方法，即医生根据伤情，提出某一外伤的受伤机制及该部的解剖弱点，指出应避免或减少哪些动作的练习及加强哪些肌肉的练习之后，教练员提出全面日记中详细记录运动时伤部的反应。如做某些动作时痛，做另一些动作时不痛，病情加重或减轻，等等。然后再经医生、教练员、运动员共同研究并修改训练计划，作为最后的训练方案。在执行计划的过程中，医生还应定期检查运动员的伤部变化，并亲临运动场观察运动员在训练中伤部的功能表现，必要时再将计划进一步修改。只有这样才能真正达到正确安排训练的要求。

2.建立全方位的检查制度

（1）青少年早期参加国防体育及训练是让青少年增强国防意识，培养科技兴趣的关键。但要根据国家青少年发育的具体情况出发，通过较长时间的实践观察才能解决。早期专项训练的目的，不在于要求青少年时期出多少优良的成绩，而着重在于青少年的国防教育、身体训练及专项素质的训练，在给青少年国防体育运动员安排专项训练的运动量时，必须充分考虑到青少年自身的解剖生理特点以及训练特点，充分利用青少年容易养成运动性条件反射的特点，学好运动的基本技术。运动量的安排原则要求时间较短、强度稍大，密度小些。运动训练后要有充分的休息时间和安排好娱乐、饮食等生活制度。

（2）定期体格检查。全面身体检查时间应比成人运动员时间短些，若间隔时间较长就不能很好地掌握体育运动后身体的动态变化，和及时发现因训练不当造成的不良现象，可采用人体测量和体表检查作为重点，因为青少年正处在生长发育阶段，体育锻炼对身体发育影响较大，因此根据身体发育的检查结果可反映训练安排是否合适。也可以及时发现下肢、足底、脊柱等可能的畸形，以便及时矫正。

（3）加强现场观察及检查。对青少年运动员在运动训练中的直接观察及检查，比成人更为重要，不能仅听青少年在训练后的自述，因为当少年自觉疲劳时，实际上往往疲劳已达到相当严重的程度。

（4）负荷后检查。注意青少年在负荷后各系统（心血管系统、呼吸系统等）机能反应的特点，以免做出错误的判断。总的来说，由于国防冰雪运动训练、比赛造成的损伤或残疾是较少的，偶尔运动不适，膝背肩疼痛也是运动中比较常见的。

后　记

为贯彻落实习近平总书记"三亿人参与冰雪运动"重要讲话精神，深入实施教育部、体育总局提出的《关于深化体教融合促进青少年健康发展的意见》，结合黑龙江省大冰雪、大森林、大界江等地缘优势，以"国防体育＋冰雪山地户外"的方式将青少年国防体育教育与冰雪运动项目融合创新发展，使"国防＋体育＋教育＋科技"有机链性结合，形成以国防教育为主体，体育、教育为两翼前行的发展模式，促进广大青少年学以致用、魂系国防，着力培养有灵魂、有本事、有血性、有品德的新一代青少年。为不断提高我国青少年冰雪国防教育训练的科学性、先进性、系统性、前瞻性，特编制《青少年国防体育冰雪项目训练教程》（以下简称《教程》）。

《教程》是黑龙江省体育局在国家体育总局青少司和中国青少年国防体育发展联盟指导下，由中国青少年国防体育发展联盟黑龙江省工作部发起。《教程》共分九章，对青少年国防体育冰雪项目内容、训练、人文精神培养、营养与运动伤病康复进行阐述，力求为青少年参加国防冰雪体育提供帮助。《教程》内容紧随青少年国防体育冰雪大赛发展趋势，并不断完善青少年国防体育冰雪大赛竞赛规则，目的在于引导青少年进行科学、系统训练，为丰富青少年国防冰雪体育教育，取得健康体魄打下坚实的基础。

《教程》在编写过程中，得到了国家体育总局青少司、中华全国体育基金会、中国青少年国防体育发展联盟、全国体育运动学校联合会、黑龙江省体育局、黑龙江省体育发展基金会、哈尔滨医科大学、黑龙江大学、哈尔滨体育学院大力支持，在此表示衷心感谢！

　　《教程》在 2021 年 3 月初开始编写，历经多次审议修改，在 2022 年 7 月 17 日形成初稿。书中的图片均为笔者拍摄、绘制。如有疏漏之处，恳请专家和领导提出宝贵意见，我们将进一步完善和修订。

责任编辑：张　蕾
封面设计：林芝玉
责任校对：周晓东

图书在版编目（CIP）数据

青少年国防体育冰雪项目训练教程 / 沈嵩 主编 . — 北京：人民出版社，
　　2023.9
ISBN 978 - 7 - 01 - 025714 - 3

I. ①青…　II. ①沈…　III. ①青少年 - 军事体育 - 冰上运动 - 运动训练 - 教材
　　②青少年 - 军事体育 - 雪上运动 - 运动训练 - 教材　IV. ① G86

中国国家版本馆 CIP 数据核字（2023）第 089629 号

青少年国防体育冰雪项目训练教程

QINGSHAONIAN GUOFANG TIYU BINGXUE XIANGMU XUNLIAN JIAOCHENG

沈　嵩　主编

人民出版社 出版发行
（100706　北京市东城区隆福寺街 99 号）

北京盛通印刷股份有限公司印刷　新华书店经销

2023 年 9 月第 1 版　2023 年 9 月北京第 1 次印刷
开本：710 毫米 × 1000 毫米 1/16　印张：14.75
字数：214 千字

ISBN 978 - 7 - 01 - 025714 - 3　定价：46.00 元

邮购地址 100706　北京市东城区隆福寺街 99 号
人民东方图书销售中心　电话（010）65250042　65289539